This Fleeting World

A Short History of Humanity

David Christian

极简人类史

从宇宙大爆炸到21世纪

[美]大卫·克里斯蒂安 著 王睿 译 孙岳 审校

中信出版集团 · CHINACITICPRESS · 北京

一切有为法　如梦幻泡影

如露亦如电　应作如是观

——《金刚经》

目 录

赞誉推荐

“微软之父”，比尔·盖茨

自从观看了大卫·克里斯蒂安讲授的“大历史”课程，我便成了他忠实的学生。因此当我看到本书各章节中，令人醍醐灌顶的世界历史陈述时，我自然十分高兴。希望本书能让更多的读者认识这位颇有天资的科学家兼教师。

世界史知名学者，菲利普·费尔南多-阿梅斯托
（Felipe Fernández-Armesto）

大卫·克里斯蒂安……在搜集数据、高效处理数据以及思路清晰地写作方面，拥有独特的天赋。他能深入浅出地讲解历史，语言富有感染力，但又不至于引起读者的不满。读者们大可放心地依靠他，获得敏锐且内容丰富、见解深刻、充满反思意味而又极其简要的历史概观。

全球史知名学者，杰里·本特利
（Jerry H. Bentley）

通过将人类历史置于自然环境的大背景下进行系统化思考，大卫·克里斯蒂安形成了令人眼前一亮的独特历史观。这本《极简人类史》对其主要观点进行了简要清楚的论述，对历史学家和普通大众均有借鉴意义。

《互联世界的历史》杂志，威廉·埃弗德尔
(William Everdell)

最好的“大历史”就是简单明了的小册子。大卫·克里斯蒂安的这本小书，最好地满足了现代社会不断增长的对极简“大历史”的需求。我认为本书最好的地方，就是它并非面面俱到地讲述历史事实。《极简人类史》充满了闪烁着智慧光芒的优雅语句，鼓励学生从“大历史”的视角重新看待自己所接受的教育，鼓励他们在已经存在了25万年，并且越来越成为一体的人类世界中，找到自己的位置。

加州大学圣克鲁斯分校，特里·伯克
(Terry Burke)

大卫·克里斯蒂安是“大历史”领域的哥白尼。他的思路大气恢宏，理念缜密严谨，其力量足以迫使我们重新思考以往所有从小范围、短时段层面讲述的历史。

美国大学委员会世界历史课程顾问，比尔·思特里克兰
(Bill Strickland)

《极简人类史》为读者提供了世界历史的“大图景”：大到远远超过最近几千年的历史，却又简单得让普通读者都感觉轻松易懂。阅读克里斯蒂安的作品是一种享受，因为他能将历史讲得平易近人，而且又不会忽略其中微妙复杂的细节和偶然性因素。

青年支持者之声

（*Voice of Youth Advocates*）

本书专为辅助教师课堂教学而设计，易于课堂阅读所用，是不可多得的课堂资源。

伟谷州立大学，克雷格·本杰明

（Craig Benjamin）

本书就像一种精美的艺术，剔除了所有的冗余，将历史剥离到最本质的核心成分，展示了迄今为止，人类历史演变中不为人知的共性部分。大卫·克里斯蒂安为我们提供了一种理念框架，这个框架将互相割裂的人类历史碎片，汇聚成一个有意义的统一整体。《极简人类史》有力地回应了人类历史毫无联系、碎片化的后现代观点，它揭示了看似杂乱无序的人类历史，其背后所隐藏的目的和意义。

致中国读者

《极简人类史》是一部关于人类的极简历史。今天的世界紧密相连，中国发生的事件可以影响整个世界，而发生在世界其他地方（如澳大利亚、俄罗斯或巴西）的事件，也可能影响中国人的生活。因此，人们不仅需要了解本国历史，也应该了解整个人类的历史，这对大家来说至关重要。我希望《极简人类史》的中文版，能够帮助中文读者更好地认清人类（现代智人）这个奇特物种近10万年以来的发展轨迹。

当我们审视整个人类历史时，会发现一些很有趣也很重要的东西。我们的星球已经存在了45亿年之久，生命的出现也有约35亿年。相比之下，人类的出现则是比较晚近才发生的事情，不过是地球生命史的眨眼瞬间。尽管如此，在地球上曾经出现过的生物中，人类仍然是最有趣、最奇特的物种之一。在近40亿年里，我们是第一个能将知识代代相传的物种，通过这种方式，我们在几百年、几千年的历史进程中，学会了运用各种方式掌控环境，开发利用生物圈中的多样资源与能源。近几个世纪以来，人类学习的速度越来越快。我们之所以可以积累信息，是因为人类语言的特殊力量，让每个个体都可以与他人交流思想，并且从成千上万的其他个体身上，学习知识和经验。通过分享新信息，早期人类学会了在世界各地迥异的环境中生活。从人类的诞生地东非，到中东地区，到亚欧交界区域，再到亚洲、澳大利亚，最后抵达南北美洲和太平洋地区，人类的足迹逐渐遍布全球。随后，大约在1万年前，我们的祖先学会了利用农业改造自然。农业使我们掌握了生物圈中流动着的各种能量，人类不断地改造环境，种植和养殖更多对人类有用的农作物和动物。随后，在刚刚过去的两个世纪中，我们学会了如何利用3亿年以来，在化石燃料中不断积聚的巨大能量。化石燃料的发现为今天的高科技世界奠定了基础。

今天，人类主宰着整个生物圈。我们利用自己的能力改造了人类社会，使越来越多的人类成员过上了健康、富裕的生活。但是有了能力，责任也随之而来。整个生物圈未来千百年的命运，将取决于我们人类的抉择，因为我们今天已经掌握了足以改变全球的强大能力。我们正在改变全球气候系统，我们正在改变海洋的化学构成，我们正在耗尽地下水资源，我们占用了地球绝大多数的土地和资源，使其他物种的生存变得举步维艰。如今，地球物种的灭绝速度，超过了过去6 500万年的任何时期。

我们只有从各自的国家、民族历史中退后一步，将整个人类历史当成整体来审视，才能更好地理解人类这个物种的特殊性，以及我们在未来几十年中即将面临的挑战。而为了更好地认清人类历史，我们不得不再一次退后，将人类史置于更宏大的地球史甚至宇宙史中来观察。《极简人类史》就是将人类史作为宇宙史的一个章节来描述。用这种方式观察人类史是新兴学科“大历史”的主要任务之一。大历史利用现代科学证据和学术成就，解读宇宙如何从“大爆炸”中诞生，越来越复杂的事物如何在宇宙中产生——从恒星到新的化学元素，再到行星，最终形成生命并发展成为现在我们改造的全球社会。今天的全球社会是已知宇宙中最复杂的事物之一，而这种复杂度不断提升的历程，讲述的正是人类的故事。

《极简人类史》向诸位呈现了这样一部“大历史”。我希望本书的中文版，能向中文读者提供一种令人振奋的、审视人类历史的新方式，一种将人类历史视为更宏观宇宙史一部分的新视角。

希望诸位“悦读”我在本书中讲述的故事。

大卫·克里斯蒂安，2016年1月

中文版推荐序

读者手中的这本小书是“大历史”创始人大卫·克里斯蒂安的一部力作。其实，严格地说，这本书还算不上是真正的“大历史”（big history），而仅是“大历史”比较晚近的一个瞬间有关人类的历史，故名《极简人类史》。据说，克氏撰写这种“一册在手、粗觉寰球凉热”的小书，是受到了霍金《时间简史》和麦克尼尔父子《人类之网——鸟瞰世界历史》的启发。

“大历史”有两个主要的叙事线索。其一是有悖于“熵增原理”的“复杂度不断提升”（increasing complexity），即从“大爆炸”肇始的恒星、新的化学元素、行星、生命，直至当今全球社会的越来越复杂的事物，如何在宇宙中“涌现”（emergent）的过程，其原理是复杂物必须不断从周围的环境中摄取能量，方能维持稳态平衡的存续。作者在书中反复提及的人口翻番所需时间的急速缩减即一显例，即采集狩猎时代人口翻一番需要8000年至9000年，农耕时代是1400年，而到了现代社会则是每隔85年翻一番。这一方面说明人类从外界摄取能量的能力不断提升，而另一方面也凸显了当今时代的可持续危机。其二是“集体知识”（collective learning），即人类具有某种“非常精确、有效地分享信息的能力，其结果是在个体习得知识的同时，知识能够被存储到群体和整个物种的集体记忆之中，从而实现世代的累积”。在克氏看来，这正是人类有别于任何其他物种，能够脱颖而出、主宰整个地球并实现上述“复杂度不断提升”的根本原因。而此二者结合到一起，便成就了本书以生产和生活方式为核心的宏大叙事，即采集狩猎时代、农耕时代和以工业革命为主要特征的近现代，却“忽视……宗教作为变革媒介的作用”。

此外，克氏还有一个颇难割舍的说法，即“大历史”是一部“现代创世神话”（modern creation myth），欲收“神话”定位、规范、引领之功效，但克氏又有些游移不定，所以在其《时间地图——大历史导论》中“现代创世神话”之后加了个问号。克氏在本书中的解释是：几乎人类的每个社会都有一套自己的解释宇宙起源的故事，这些创世故事——对那些相信它的人来说并非“神话”——试图为所有生命赋予意义，这些意义通常反映了他们各自的文化来源。也就是说“大历史”是建立在现代科学基础之上的“创世神话”。

但这毕竟是“无神”的“神话”，并无力为生命赋予意义。物理学家史蒂芬·温伯格在《宇宙最初三分钟》一书中曾言："宇宙越是为人所理解，便显得愈发没有意义。"[1]或参考一下爱因斯坦的观点："要追究一个人自己或一切生物生存的意义或目的，从客观的观点来看，我总觉得是愚蠢可笑的。"[2]这是从自然科学的角度而言的，也正说明宇宙中人类的意义是人类自身创造出来的，是人自身为自己创造了一个或多个意义系统。而作为其中之一的中华意义系统，在笔者看来，就是"知、爱、律、序"的演绎，即知天、爱人、循律、履序。

而这一意义系统的核心就在于中国传统的"天人合一"理念。有研究发现：中华文明自远古便是仿照日月星辰的"天"的制式建构的，[3]孔子将人的政治归为"天意"之所

1 Steven Weinberg, *The First Three Minutes: A Modern View of the Origin of the Universe*, 2nd ed. (New York: Basic Books, 1993), p. 154.

2 爱因斯坦：《我的世界观》，载许良英、赵中立、张宜三编译：《爱因斯坦文集》（第三卷），北京：商务印书馆第，1979年10月第一版，第43页。

3 John C. Didier, *In and Outside the Square: The Sky and the Power of Belief in Ancient China and the World, c. 4500 BC – AD 200*, 3 vols. (Philadelphia, PA: University of Pennsylvania, 2009); David W. Pankenier, *Astrology and Cosmology in Early China: Conforming Earth to Heaven* (Cambridge and New York: Cambridge University Press, 2013); 王长久：《寻根"中国"：中国人的信仰究竟是什么》，北京：华龄出版社，2010年11月第一版。

谓“为政以德，譬如北辰，居其所而众星共之”(《论语·为政》)，其实并非仅仅是个比喻，而荀子之“天行有常”、“曲适不伤”(《荀子·天论》)，则说明中国古人尊天崇人自然观的高尚智慧，老子《道德经》更明确提出“人法地，地法天，天法道，道法自然”(第25章)的基本主张。这些构成后世“天人合一”思想的基础，亦可谓中国传统“大历史”观的思想根基，所以才有司马迁“究天人之际、通古今之变”的史学境界；至张载，则有知者“为天地立心，为生民立命，为往圣继绝学，为万世开太平”的普世情怀。“天人合一的宇宙观”及其由此衍生而来的世界观、人生观、道德观、政治观甚至至今仍被奉为“中华民族的基因”，可谓“中国的大历史之‘道’”，是中国传统文化与史学对“大历史”的独特贡献。[4]

当今全球化时代，整个人类正遭遇一系列史无前例的重大危机，能源枯竭、环境恶化、气候变暖、人口压力、贫富差距加大等，正考验着人类可持续生存的智慧和勇气。大问题呼唤大视野，对史学家亦如是。好在如今，“在历史书

4 可参阅钱穆：《中国文化对人类未来可有的贡献》，《中国文化》1991年第4期，第93-96页。

写的多个领域，大又回来了。”[5]不同文明和传统的人们相互学习、砥砺创新，也是“集体知识”的一种表现吧。

是为序。

孙岳，2016年3月于北京

5 Jo Guldi and David Armitage, *The History Manifesto* (Cambridge: Cambridge University Press, 2014), p. 86.

序言

我们迫切地需要理解整个人类的历史，这正是眼前这本《极简人类史》(*This Fleeting World*)的写作初衷。今天的世界联系空前紧密，面临的问题也越来越多。生活在地球村，我们不但要了解彼此的分歧，更应该清楚彼此共同的关切。如果我们想避免因战争或生态崩溃（或两者共同作用）导致的全球性危机，“人性共通”和“全球公民”的意识就必须在未来几十年中发挥更加重要的作用。为了理解我们作为人类的共同关切，我们必须清楚人类有一部属于自己的“大历史”，这是一部超越特定地区、国家、民族甚至不同世界的“大历史”。正如“一战”刚刚结束时，H·G·韦尔斯（H. G. Wells）在《世界史纲》(*The Outline of History*)一书中写到的一样：“没有共同的历史观，就没有和平与繁荣。倘若在合作中缺乏共同的价值理念，仅凭狭隘、自私且彼此矛盾的所谓‘国家传统’行事，不同种族、民族的人们就注定滑向冲突和毁灭。”

就在韦尔斯写下上述文字前后，据称亨利·福特（Henry Ford）也曾说过，历史仿佛是由“一个接一个了无生趣的事实”组成的。（我们无从得知福特是否读过《世界史纲》一书，如果读过，他又该作何感想。）类似的历史并无太大意义。学生常常不知为何而学，而教师也常常不知为何而教。如果历史能够向读者讲述我们身处的社会和周遭世界的趣事、要事，剖析前因后果，引人入胜而又催人奋进，那么历史是值得学、值得教的。要使细节产生意义，我们必须将其置于一个更大的历史演变中，观察一个特定民族、国家、群体或世界的历史演变。

但究竟是何种演变和哪些群体呢？历史学家在不同的维度进行历史叙事。有人书写特定的社群或历史事件，如第一次世界大战或阿兹特克帝国的兴起。有人在更高的历史维度叙述，涵盖整个历史时期或区域，如古罗马史或美国史。这些都是我们熟知的历史叙事，而且书写美国史甚至整个西方文明史其实都相对简单。此外还有第三维度，即我们今天熟知的世界史。世界史学者们试图探寻世界不同地区、不同时代之间千丝万缕的联系，让我们更深刻地理解历史细节如何连接着更宏大的历史演变。当然，这是一项艰巨的任务：世界历史叙事自然比特定国家或民族的历史叙事包含“更多的史实”，这也是为何讲述世界历史更加困难的原因。《极简人类史》一书正是为了帮助读者了解世界历史而写。

当我们进一步涉足被称为“大历史”的更为宏大的历史叙事时，任务就变得更加艰巨。大历史演变过程将人类历史和地球历史融入宇宙演化史。典型的大历史叙事通常从多个维度审视历史。它往往从宇宙学家称之为“大爆炸”的宇宙开端落笔，在开头几页就进行描述；接下来，随着原始宇宙（仅由氢原子、氦原子和大量能量组成）产生日益复杂的事物，大历史开始描述逐渐出现的更加复杂的实体。许多学生认为，大历史课程可以满足他们对生命、地球和宇宙等宏观问题的好奇心，而这些话题恰恰又是他们十分希望了解却被大部分学校课程忽略的东西。正是出于这个原因，他们希望讨论这个宏大故事的最新走向，他们希望讨论未来。这自然而然将历史引入了环境研究领域，后者也是一个有许多问题亟待解决的领域。什么是“人类世”（Anthropocene epoch）？廉价能源是否会耗尽？新技术能够支撑人类的持续性发展吗？对于这些问题，我们无法提供确切的答案，但我们对于世界历史的了解，以及对人类世界以外更宏观领域的“大历史”的领悟，必将有助于我们把握上述议题的实质。

一些人怀疑，即使我们将历史回溯至地球起源，我们恐怕也无法得到一部连贯的人类史。但事实上，这部人类史一直存在，而且在今天的全球化背景下，其重要性日益凸显。这本《极简人类史》旨在通过讲述一部人类简史，帮助读者了解世界历史的概要。我希望本书能帮助读者厘清世界历史中纷繁芜杂的历史事实，成为他们在这个陌生领域的导航地图和指南针。从这个意义上讲，《极简人类史》就是一套导航工具，它的作用就像学习地理时所用的地图：它如同一个宏观的提纲，让你在学习具体史实的时候，脑海中始终存有更大的历史背景。你还可以把它想象成乘飞机俯瞰曾经徒步穿越过的乡村。乘飞机或许看不到太多的细节，但你可以更清楚地了解地形；单独的个体或许会模糊不清，但你能更容易地理解他们之间的关系。

这部人类简史仅仅大致勾勒出人类这个神奇物种发展过程中的部分重要线索。当然，其他历史学家很可能会以不同方式梳理这些线索。尽管如此，随着半个世纪以来，世界史（大历史）领域的不断发展，人们已就人类历史进程中的一些关键节点达成了共识。《极简人类史》最重要的三章即是希望从这些共识中提炼精华。当然，简短有其弊端，但也有优势。其中最突出的一点就是，坐下来一两次就可以读完，时间紧凑得你读到结尾还能记得开头的内容！

如何使用《极简人类史》

《极简人类史》发端于为《宝库山世界历史百科全书》（*Berkshire Encyclopedia of World History*）第1版撰写的一系列回顾性文章。后来，教授世界历史的老师发现这些文章在课程设置、课堂准备和学生复习等方面颇有价值，于是决定将其合并成册进行出版。跟随本书主体内容，读者将从宇宙诞生一路前行至现代社会。此外，本书还包括三篇附录，希望有助于读者阅读理解。

鲍勃·贝恩（Bob Bain）和劳伦·麦克阿瑟·哈里斯（Lauren McArthur Harris）（两位原来是世界历史教师，现在研究教师培训方法）为本书撰写了学习指南，即本书的附录A。附录B讨论历史分期的复杂议题：我们如何将历史划分成便于操作的版块。附录C则包含一些可供参考的补充书目和网站，如“大历史项目”（the Big History Project）的网站。

尽管有种种不足，我们还是希望大家能够通过本书，在脑海中形成一个或许粗糙但却有益的世界历史轮廓，就像16世纪航海家们使用过的地图一样。尽管它们最终被更精确、更复杂的现代地图取代，但是在当年，这些地图显得出奇得有用。希望本书亦能如此。

我们真诚地希望你能喜欢这本《极简人类史》，但愿它能向你展现出人类世界宏大、复杂，时而忧郁悲伤，时而催人奋进的历史画卷。这是我们人类自己书写的历史，我们每个人都是其中的一分子。

1

前传

开端之前

在人类历史以外，还存在一个更大的范畴，即地球史甚至整个宇宙的历史。本章“前传”正是希望在这个更大的范畴之内，讲述人类过去的历史——这也正是“大历史”研究的范畴。正如我们需要用世界历史，来帮助我们理解特定区域的历史一样，我们也需要一个更大的背景，来帮助我们看清人类历史在地球史乃至宇宙史中的位置。如果我们要进行超越人类自身历史的思考，我们就需要“大历史”。

20世纪中叶以前，大多数天文学家认为宇宙没有历史，它始终存在着。但我们有理由对此假设持怀疑态度。20世纪20年代，美国天文学家埃德温·哈勃（Edwin Hubble）找出证据，发现大多数遥远的星系一直在离我们远去。这些证据表明宇宙可能一直在膨胀。如果宇宙在膨胀，则证明它过去一定小得多，而且在遥远过去的某一个时间点，它可能被压缩在一个极其微小的空间内——甚至比一个原子还要小。

20世纪中叶，大部分天文学家积累了足够的证据，证实上述猜测正是以前发生过的事实。我们发现，人类并非唯一拥有历史的创造物。地球有自己的历史，整个宇宙也有自己的历史。自20世纪中叶以来，我们开始能够讲述这段历史，并将人类历史视为一部更宏大、更科学的“创世史”的一部分。本章人类史“前传”希望以21世纪的知识视野，向大家提供这部人历史的概览。（几乎人类的每个社会都有一套自己的解释宇宙起源的故事，这些创世故事——对那些相信它的人来说并非“神话”——试图为所有生命赋予意义，这些意义通常反映了他们各自的文化来源。）

宇宙出现在大约138亿年前，源于宇宙学家所说的“大爆炸”。这是所有历史日期的开端，我们对大爆炸之前的世界一无所知：我们不知道在此之前是否存在时间、空间甚至虚无，我们缺少任何与此有关的信息或是理论；这也正是创世故事开始的时候。但是其实，从宇宙出现的那一刻开始，我们便能够讲述一个符合现代科学基本理念的创世故事——这个故事建立在大量且仍在不断增加的证据之上。

当宇宙刚刚出现时，它极其微小，很可能比一个原子都小。然而，在其内部蕴含着组成宇宙所需的所有物质和能量。此时的宇宙温度极高，（几乎无法用数字衡量！）以至于物质、能量、粒子、空间和时间全都混杂在一起。随后，在巨大能量的作用下，宇宙发生急剧膨胀，其速度可能比光速还要快。在暴胀过程中，宇宙逐渐冷却。正如蒸汽最终会凝结成水一样，宇宙在冷却过程中，也会经历一系列不同的“阶段变化”。从宇宙诞生的第一秒开始，各种截然不同的力量就出现了，包括引力（一种将万物拉拢聚合的力量）与电磁力（一种促使异性电荷相吸，同性电荷相斥的力量）。组成物质的基本粒子夸克此时也出现了。然而诞生初始的宇宙变化剧烈，大部分粒子一出现就消失，转化成宇宙中的纯能量。

下一秒，宇宙暴胀的速度慢了下来。此时的宇宙已经出现了我们今天熟知的各种物质，包括质子和电子（组成原子的基本成分）以及至少四种基本形式的能量。这时的宇宙仍比太阳中心还要炽热，充斥着“等离子体”，这是一种由能量和带电粒子组成的杂乱的混合。大约38万年后，宇宙开始经历另一个“阶段变化”。此时的宇宙温度继续下降，使得带正电的质子能够捕获带负电的电子，形成最早的原子。原子呈电中性，于是突然之间，物质不再与电磁辐射相互作用。在今天所谓的宇宙背景辐射中，我们仍可以探测到宇宙在这个历史节点上释放的能量。宇宙背景辐射可以对老式电视机产生静电干扰，它的存在是上述故事真实可靠的最有力证据之一。

在这个阶段，物质的存在形式都极其简单。大多数物质都由自由移动的氢原子和氦原子组成。氢原子由一个质子和一个电子组成，而氦原子由两个质子和两个电子组成。历经千百万年，早期宇宙就是由这种氢原子和氦原子构成的大片星云组成的。那时的宇宙没有星体，唯一将其点亮的是穿行其中的巨大能量。

思想实验

人类试图了解自己在宇宙中的位置，但不一定能达成共识。参考一下作家马克·吐温的看法，他写道，人类总是把自己视为宇宙的中心——或者至少是整个历史的中心。1903年，在题为“世界是为人类而造的吗？”（“Was the World Made for Man？”）的文章中，马克·吐温写道，“如果埃菲尔铁塔代表宇宙的历史，那么它顶端的球形构造上，那层薄薄的油漆就代表着我们人类的历史，没有人会认为那层薄薄的油漆是建造埃菲尔铁塔的目的。但我想有人就是这么认为的。”想一想我们该如何回应马克·吐温的这篇文章。我们人类是否应当一直把自己视为宇宙的中心？或者我们可以换个角度思考？人类如何看待自己在宇宙中的位置，这一点重要吗？

随后，这个现代创世故事出现最神奇的转折之一，物质由此开始变得复杂起来。第一个出现的复杂物质是恒星，造就早期恒星的“工程师”当属引力。早在17世纪，艾萨克·牛顿就已经向我们展示了物体和物体之间存在引力，这解释了为什么我们能牢牢站立在地球上。阿尔伯特·爱因斯坦在20世纪早期进一步证明，物质和能量其实是同一实质的不同形式，这解释了为什么能量也会产生引力。就这样，引力逐渐将飘浮在早期宇宙中的大片氢原子和氦原子云拉拢聚合。接下来，数以亿计的星云出现了，并在重力的作用下收缩。在收缩过程中，它们开始升温。随着温度上升，星云内部的原子运动得越来越快，相互间的碰撞也变得越来越激烈。最终，当星云中心的温度达到10℃左右，氢原子开始聚合，在此过程中，原子的一部分转化成纯能量。氢弹爆炸时，其内部氢原子的聚合也是如此。此时，由这些星云内部“超级氢弹”爆炸释放出的能量冲破引力的阻挡，向寒冷、空寂的星际空间倾泻而出。在宇宙出现的大约2亿年后，第一批恒星诞生了。它们中间的大多数，比如太阳，将持续燃烧几十亿年。

在引力的相互作用下，恒星开始聚合成为“星系”。每个星系都由数以亿计的恒星组成，比如我们所在的星系——银河系。接下来，星系还可以组合成星系团。从最高的层面来看，引力的拉拢力量实在太弱，不足以抵抗宇宙的扩张力。因此，尽管星系在引力的作用下聚合在一起，它们之间的距离还是随着宇宙的膨胀变得越来越远。

恒星能产生新的物质，使宇宙进一步变得复杂。最大的恒星产生最大的压力，通常也产生最高的温度。在恒星中心，聚合反应迅速发生，直至它诞生数百万年后，恒星逐渐耗尽自身的氢元素。此时，恒星的中心坍缩，产生更高的

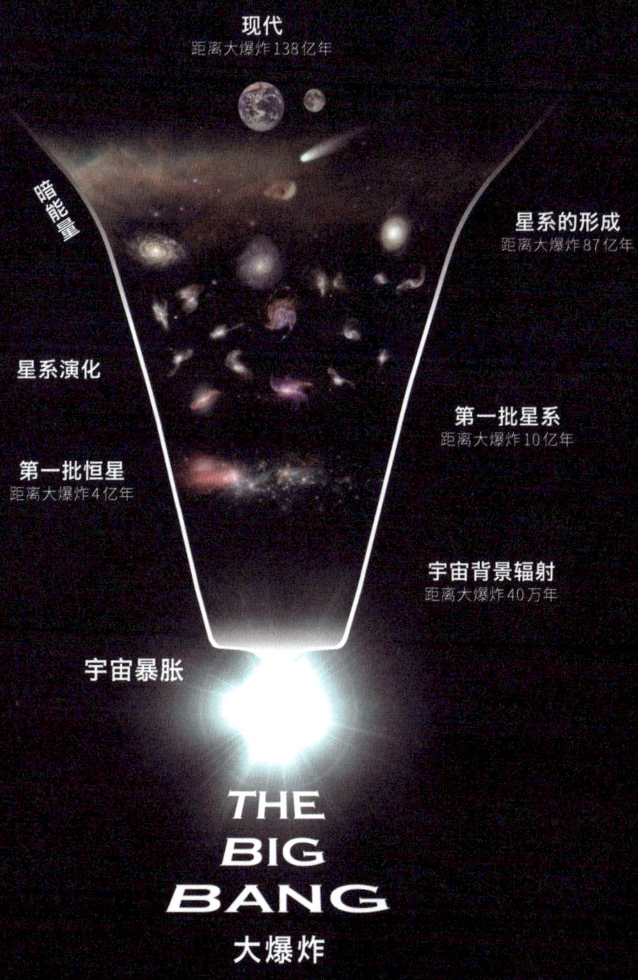

从大爆炸到现在，宇宙进化经历了大约138亿年时间。科学家将宇宙进化划分为8个层次，分别为物理进化、化学进化、天体演化、地质演变、生物进化、社会进化、人工自然进化。人类历史只是宇宙进化过程中最后出现的简短片刻。

温度，直到氦原子开始聚合，产生更复杂的元素，比如碳。经历一系列这样的剧烈坍缩，新的元素不断诞生，直至出现原子核中拥有26个质子的铁元素。产生含有更多质子的元素需要更高的温度，没有恒星（无论其体积大小）能达到如此高的温度。当一颗体型巨大的恒星坍缩时，它会在巨大的爆炸中走向消亡，成为一颗“超新星”。正是在此过程中产生了各种重元素，直到最重的元素铀，其原子核中含有92个质子。至此，组成我们世界的化学元素大多在大体积恒星的死亡剧痛中产生了。超新星使得化学反应成为可能，没有它们，人类就不会存在，地球也不会存在。

第一批超新星很可能是在大爆炸发生10亿年内消亡的。从那时起，超新星就一直将更复杂的化学元素抛撒到星际空间。尽管氢和氦仍是宇宙中占绝对优势的主导元素，但是其他元素的储量也有了显著的积累和提高。这些元素可以通过各种复杂的方式合成化合物，进而形成更加复杂的物质——包括我们人类本身。

行星是第一批由这些更加复杂的物质组成的天体。在像银河系一样的大星系中，星际空间中遍布这些新型化学元素。因此，当新恒星诞生时，形成它们的物质不仅来自氢、氦组成的星云，还来自于碳、氧、氮、金、银、铀等其他元素组成的星云。事实上，所有化学元素周期表中的元素都可以在这些星云中找到。我们的太阳正是45亿年前，由这些物质组成的星云构成的。这片“太阳星云”（人们这样为其命名）在重力的作用下坍缩，直至氢原子开始在中心发生聚合，形成我们称之为“太阳”的恒星。大部分的太阳星云被太阳本身吞噬了，只有极微量的物质继续在年轻太阳的外部空间沿轨道绕行。在每一条绕日轨道上，原子相互碰撞、挤压，最终慢慢形成大一点的物质，这有点儿像滚雪球。（事实上，一些彗星就类似巨大的雪球，是行星形成过程中的遗留物。）这些物质相互碰撞、挤压，逐渐形成较大的天体，如陨石或微小行星，我们将其统称为“小行星体”。随后，在每一条绕日轨道上，所有碎片相互碰撞、挤压，逐渐形成各种星体，我们将这些星体称作“星子”（Planetesimols）。太阳的热量将气态物质从星系中心驱散，这解释了为何内圈行星（水星、金星、地球和火星）呈固态，而外圈行星（木星、土星、天王星和海王星）呈气态。

早期地球是一个炎热、危险的地方。它被陨石和小行星轮番撞击，随着体积越来越大，压力使地球中心温度上升，而大量的放射性物质加快了热量积累。很快，早期地球由于温度过高开始熔化，在此过程中发生了我们称之为“重力分异”的现象。比较重的元素，如铁和镍，沉积到地球中心，形成了地核。金属构成的地核能够产生磁场，保护我们免受太阳的一些有害辐射。稍轻的物质组成了熔融态、瓜瓤状的中层，我们称之为“地幔”。更轻的物质则停留在了表层。这些物质迅速冷却，形成了蛋壳一般薄薄的一层，我们称之为“地壳”。地壳仅有几千米厚。而最轻的物质是气体，这些气体从地球表面的火山喷薄而出，形成了早期的大气层。

40多亿年前的地球历史被划分为“冥古宙”。那时的地球酷热难耐，不断遭受小行星的轮番撞击，大气层中也没有游离氧。此时还没有生物能够在地球生存。随后地球开始慢慢冷却，最终，水蒸气组成巨大的云团在地球上空循环，逐渐形成降雨，造就了早期的海洋。

我们几乎可以确认，正是在这些早期海洋中，一种新的复合体开始出现：这就是生命。液态水为化学反应提供了适宜的环境：在空气中，原子运动太快，无法配对；而在固体中，原子又几乎一动不动；水是最适宜的，化合物运动不快不慢，所以一旦它们相遇，便可配对形成更加复杂的化合物。在当时地球的某一个地方（很可能就是在早期海洋的深处），由于那里既有来自深海火山活动的能量，又有充足的化学物质，越来越多更加复杂的化合物开始形成。距今大约35亿年前，也就是地球诞生后的10亿年内，这些化合物中的一部分形成了地球上第一批生物。生物学家把这些微小、简单、单细胞的生物命名为“原核生物”。直至今天，原核生物仍是地球上最普遍的生物。像所有的原核生物一样，最早的这批生物太小，肉眼无法看见。但它们的一举一动都足以证明，它们是有生命的，全然不同于没有生命的物质。它们能通过生物学家称之为“新陈代谢”的化学反应，从周围的环境中汲取能量。它们还可以利用令人惊叹的庞大而复杂的分子（我们称之为“DNA”，脱氧核糖核酸的英文缩写）的特性进行自我复制。原核生物通过分裂成两个几乎一模一样的个体，或者“克隆”，进行自我繁殖。尽管如此，由于在生殖过程中总是会有微小差异，这就意味着个体之间总是会出现细微的差别。由于存在这些差别，一些个体在获取能量方面会优于其他个体，而且这些个体更容易存活，并能更有效地进行繁殖，将这些优点和特性遗传给自己的后代。通过这种方式，生物开始逐步改变、进化，顺应各种各样的环境，演化出千百万个不同的物种。这个过程，查尔斯·达尔文称之为“自然选择”。正是这种机制造就了今天我们看到的姹紫嫣红、万物生长的大千世界。随着越来越多的物种出现，地球表面被一层薄薄的生命体覆盖，我们称之为“生物圈”。迄今为止，地球是宇宙中已知唯一存在生命的行星。当然，将来我们也可能在宇宙的其他地方发现某种形式的生命存在，而且从理论的角度来说，这种可能性非常大。

从化石遗迹来看，第一批原核生物出现在距今35亿年前。通过自然选择，它们中间的一部分已经学会进行光合作用。这是一种直接从阳光中汲取能量，并将其储存在体内的能力，今天所有的植物仍在使用这种方法。我们知道光合作用出现的时间很早，因为科学家发现了一种名为“叠层石”的古老化石，这是一种巨大的、类似珊瑚的物体，它们是由大量类似藻类的微生物遗骸组成的，这种生物能够进行光合作用。光合作用有一个明显的附加作用：这种化合反应需要从阳光中汲取能量，并且产生氧气这个附加产品。因此，随着进行光合作用的生物呈几何倍数增长，越来越多的氧气被释放到大气层中。对某些生物来说，这完全就是灾难，因为氧气极其活跃，可能变得极具破坏性。如果你怀疑这种说法，可以想想火——火就是氧气和其他元素发生的剧烈反应。事实上，地质学家能够追踪游离氧在地球上的逐渐积累，因为他们发现了赤铁带：赤铁就是铁与游离氧结合的产物，这是一种缓慢形式的燃烧，我们通常称之为“生锈”。

尽管如此，仍有一些物种成功地适应了含氧量日趋丰富的大气层。其中一些还开始利用氧原子的高能量驱动自身的新陈代谢。于是通过这种方式，在距今约20亿年前，真核生物出现了，它的出现标志着生物复杂性迈上了一个新台阶。这些早期真核生物与原核生物一样，是单细胞生物。真核生物大多比原核生物体积大，它们通常将脱氧核糖核酸（DNA，遗传信息载体）保护在一个细胞核中，这能够确保它们更加精准地繁殖。其中一些物种还可以在繁殖前替换部分遗传信息片段，这意味着它们的后代具有父本、母本的双重特点。这是一种新型繁殖方式的开始，我们称之为“有性繁殖”。有性繁殖可以产生更丰富的多样性，因为后代和亲本不可能完全相同，这样，自然选择的节奏就大大加快了。这就是为什么在地球历史最近的10亿年中，生物物种的多样性比以前提高得更快。

距今约6亿年前，第一批多细胞生物出现，这是生物圈历史上具有重大意义的变革之一（此外，还有“人类世”带来的变革，这将在最后一章讨论）。在震旦纪及随后的寒武纪岩层中，突然出现已经可以用肉眼直接看到的大体积化石。从那时起，尽管大多数生物仍属于单细胞的原核生物或真核生物，但是古生物学家已经追踪到多细胞生物日趋丰富的多样性。每一种这样的生物都含有数十亿的真核细胞，它们密切配合，共同构成一个生命个体。多细胞生物的出现，标志着生物复杂性的进一步提高。

最初，所有多细胞生物都生活在海洋。但从距今约5亿年前开始，部分生物（极有可能是早期形态的植物或昆虫）开始探索陆地。这绝非易事，因为它们是在水中进化的，需要水维持其新陈代谢并进行繁殖。因此，像今天所有的陆地生物一样，它们必须进化出特殊的皮肤，以保护身体内部进行的各种化学反应，它们甚至为自己的后代进化出了精密复杂的保护机制，如蛋壳。从那时起，千百万种大型生物先后在地球上出现，它们繁荣兴旺，随后又消亡灭绝，包括最早的两栖类动物、爬行动物（如恐龙）和第一批哺乳动物。我们还知道，地球历史上还多次出现剧变时期，在此期间，数以百万计的生物在短时间内消失殆尽。有时，这些“灭绝事件”是由于地球和某些小行星碰撞引起的，而这些小行星直至今天仍环绕着太阳运行。这些碰撞掀起的尘烟犹如巨大的帷幕，遮天蔽日长达数月甚至数年，就像

最早的生命原核生物诞生于太古宙（38亿年至25亿年前），紧随其后的是真核生物。距今约6亿年前的震旦纪（也称埃迪卡拉纪），地球上出现了多细胞的“埃迪卡拉生物群”。地球进入古生代之后，进化速度大大加快。最早的两栖动物、爬行动物和哺乳动物都在这一时期出现。距今2.5亿年前，地球进入中生代，这一时期的生物圈几乎被恐龙主宰。恐龙灭绝之后，地球进入新生代，现代生物开始出现，包括最晚进化出来的人类。

核战争一样。此外，它们还可以引发破坏力巨大的海啸。距今约6 500万年前，很可能就是由于一颗小行星撞击地球，导致绝大部分种类的恐龙灭绝殆尽。最早的哺乳动物极有可能是体型较小的穴居动物，类似于今天的鼩鼱。它们的袖珍体型和昼伏夜出的生活习性，使其比体型巨大的恐龙更有优势，在小行星撞地球的灾难中逃过一劫。

摆脱了恐龙这块绊脚石，哺乳动物开始适应曾经被恐龙独霸的多样的自然环境。很快，我们发现，大量新型的哺乳动物出现在地球上。其中一种为灵长类动物，它们大多数时间生活在树上。为了适应树间生活，灵长类动物需要具备适于抓握的手，可以观察立体图像的眼睛和能够处理大量视觉信息的大脑。从距今约2 000万年前起，一部分灵长类动物（早期形态的猿）开始花更多时间生活在地面上。到了约700万年前，在非洲某个地方，一些猿类开始用双脚站立。这是第一批“类人猿”，这种两足直立的猿是我们人类的直接祖先。

我们最有名的类人祖先或许就是“露西”了。她属于名为“南方古猿”的类人族群，居住在距今约300万年前的非洲埃塞俄比亚一带。我们可以从露西脊柱和颅骨的连接方式得知，她是用两足直立行走的。人类古生物学的先驱之一玛丽·利基（Mary Leakey）也发现了两个南方古猿的化石足迹，这是当初他们走过火山爆发散落的灰烬时留下的。露西比现代人个头稍小，大脑和现代黑猩猩差不多大小，所以，即使我们遇见她，我们很可能也会把她当成一个黑猩猩。200万年前，非洲东部出现了另一个类人物种，我们称之为“能人”。这个物种的特别之处就在于它的成员可以制作简单的石质工具。约50万年前，地球上又出现了一个类人物种，名为“直立人”（Homo erectus，古生物学家至今仍在争论该物种的确切命名）。该物种的成员和现代人类个头相当，其脑容量也和我们相差无几。他们制作的石质工具比能人更加精细复杂。随后，这个物种的部分成员离开非洲，迁移到其他地区，历经许多代，最远的到达了今天的中国境内。

我们人类，即现代智人，出现在约25万年前的东非。随着人类的出现，我们进入了人类历史时期。正如我们即将看到的，人类的出现标志着生物复杂性迈上了一个更高的台阶，这也是为何人类历史和其他物种的历史截然不同的原因。

原始人种分类图

傍人
（约270万年前）

南方古猿阿尔法种
（约400万年至100万年前）

海德堡人
（约70万年至20万年前）

格鲁吉亚人
（约180万年至160万年前）

能人
（约250万年至150万年前）

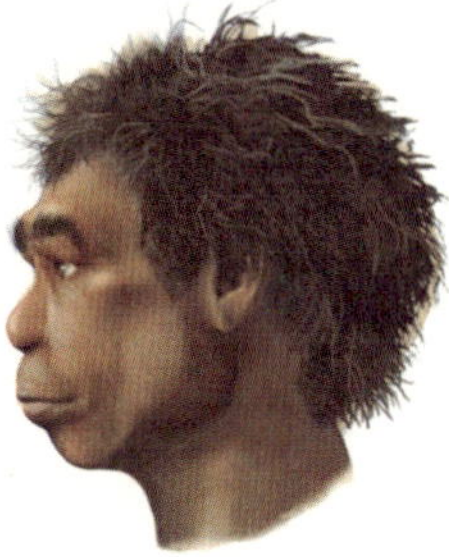

直立人
（约180万年至20万年前）

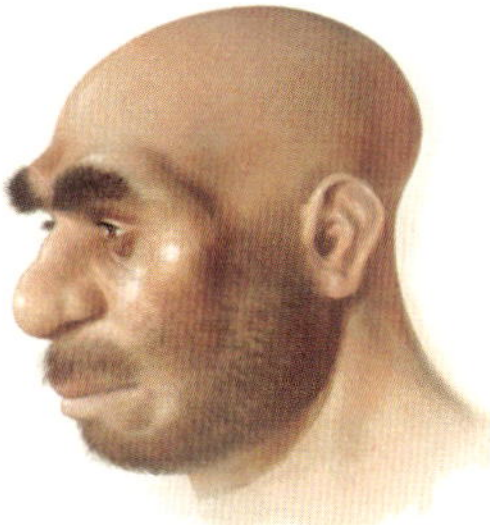

早期智人：尼安德特人
（约15万年至10万年前）

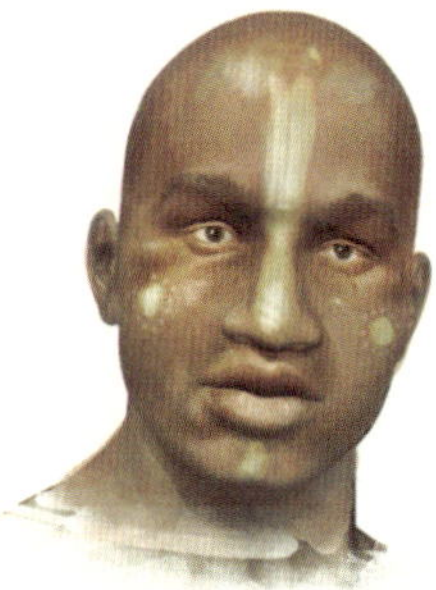

晚期智人：现代智人
（约5万年至1万年前）

2

开端

采集狩猎时代

采集狩猎时代是人类历史中这样一个时代：整个人类社会依靠采集或狩猎，而不是通过种植或制造，来获取食物和其他必需品。此时的人类被称为“采集狩猎者”。这个时代也被称作“旧石器时代”。采集狩猎时代是人类历史上的第一个时代，也是迄今为止最长的时代，这是为人类历史奠定基础的时代。

采集狩猎者采集自然资源，用于饮食、居住、衣物、仪式活动和其他一些目的。他们的大部分活动并不是为了试图改变其居住环境。采集狩猎者独特的文化和技术创新，将他们的生活方式（人类与自然以及人类成员之间的诸多联系方式）与其他非人类物种（如猿猴）区分开来。只有人类能使用语言符号进行交流，语言使得人类成员之间可以精细地分享和积累知识。随着知识分享的不断深入，远古采集狩猎者的技能和生活方式逐渐适应了多种多样的自然环境，创造出其他大型物种无法赶超的多彩文化和多样技术。这种适应新环境的超凡应变能力，是人类历史得以形成的关键。

据我们所知，最早的人类就是这些采集狩猎者。采集狩猎时代始于约25万年前，那时候现代智人，也就是我们现代人类，第一次出现在地球上。尽管一些采集狩猎的部落至今依然存在，但是随着农业社会的首次出现，采集狩猎时代在大约1万年前就终结了。从那时起，采集狩猎不再是人类社会唯一的生活方式。

研究采集狩猎时代

历史学家曾经纠结于是否将采集狩猎时代写入历史，因为他们大多缺乏相应的研究技术，无法了解一个没有文字证据的时代。通常来说，研究采集狩猎时代的不是历史学家，而是考古学家、人类学家和史前历史学家。

采集狩猎时代

公元前30万—前20万年	现代人类出现在非洲。
公元前25万年	石质工具制作技术更加精细。
公元前10万年	人类离开非洲，向亚欧大陆迁移。
公元前5万年	技术革新的步伐加快； 大型陆地动物开始大规模灭绝。
公元前5万—前4万年	人类在澳大利亚定居。
公元前3万年	人类在西伯利亚定居。
公元前3万—前2万年	人类发明更先进的工具，如弓箭。
公元前13000年	人类到达美洲。
公元前1万年	随着农业的发展，采集狩猎时代结束。

（以上均为大致推算的年代）

小贴士

考古学

人类进化

人类基因学

古人类学

旧石器时代艺术及艺术品

在缺乏文字证据的情况下，学者们常常采用三种截然不同的证据，来了解这段时期的历史。第一种是远古社会留下的物质遗迹。考古学家解读人类骨骼、石器和其他历史遗迹，研究远古人类及其猎物的遗骸，或者某些物品的残留物，如石器、制作品或者食物残渣。此外，自然环境中的一些研究证据，也可以帮助学者们了解气候和环境变化。我们没有发现多少人类历史最早时期的骨骼遗迹，能够确认属于现代人类的骨骼遗迹，最早只能追溯至16万年前。尽管如此，考古学家仍能从支离破碎的骨骼遗迹中读取令人震惊的大量信息。比如，对牙齿的细致研究，可以告诉我们许多关于早期人类日常饮食的信息，而日常饮食又可以揭示许多关于生活方式的信息。同样，男女之间骨骼大小的差异，也可以帮助我们了解不少两性关系方面的信息。通过研究从海床和数万年前形成的冰盖中提取的花粉和果核样本，考古学家们已经成功地重构了当时的气候和环境变化模型，而且准确度越来越高。此外，半个世纪以来不断改进的年代测定技术，让我们能更加准确地推算年代，从而为整部人类历史编纂更加准确的大事年表。

“沃尔道夫的维纳斯”，这是在奥地利沃尔道夫遗址发现的旧石器时代的艺术品。该雕像高约11.1厘米，刻画了一个身材肥硕，象征旺盛的生育能力的妇女。

尽管考古证据向大家展示的大多是人类祖先物质方面的生活，但是时不时也会充满诱惑地让我们瞥见他们的文化甚至精神生活。我们至今仍然无法准确解读远古人类的一些艺术作品，如法国南部和西班牙北部的洞穴壁画，但是这些令人惊叹的艺术创作，的确能向我们揭示更多关于早期人类社会的情况。

第二种用来研究早期人类历史的主要证据，来自于对现代采集狩猎部落的研究。这种研究方法必须谨慎使用，因为现代采集狩猎者毕竟来自现代，他们的生活方式或多或少受到现代社会的影响。尽管如此，通过研究现代采集狩猎的生活方式，我们能够更多地了解古代小型采集狩猎部落的基本生活方式。这种研究可以帮助史前历史学家更好地解读为数不多的史前考古证物。

近年来，基于现代基因差异进行对比研究的新方法，成为研究早期人类历史的第三种途径。基因研究可以测定现代族群之间的基因差异程度，帮助我们预估自己族群的历史，以及确定远古人口迁移时，不同族群分散的时间。

要将这些不同类型的证据整合进一部世界历史并不简单：首先，大多数历史学家缺乏必要的专业知识和训练；其

人类历史三大时期比较

第一时期：采集狩猎时代 公元前25万—前8000年	人类历史最长时期；小型族群；人口向全球迁移；大型动物灭绝；人口增长缓慢。
第二时期：农耕时代 公元前8000—1750年	人口聚居；人口增长迅速；城市、国家、帝国出现；世界各地诞生不同文明。
第三时期：近现代 1750年至今	全球一体化；能源消费快速增长；物种灭绝速度加快；人类预期寿命延长。

次，考古遗迹、人类学成果和基因研究会产生不同类型的信息，这些信息和大多数专业历史学家视为首要研究基础的文字记载是截然不同的。来自于采集狩猎时代的考古证据，无法像书面材料一样记载个性化的细节，但它可以揭示许多关于人类生活方式的信息。整合这些不同学科领域的真知洞见，是世界历史面临的主要挑战之一，尤其在研究采集狩猎时代时，它是我们必须直面的挑战。

人类历史的开端

时至今日，学者们仍在争论人类是何时出现在地球上的。其中一个假说（即多地起源模式）认为，现代人类是过去100万年中，在非洲—亚欧大陆的多个地区逐渐进化而来的。这一理论得到了一小部分体质人类学家的赞同，如米尔福德·沃尔波夫（Milford Wolpoff）和艾伦·索恩（Alan

碳-14年代测定法

以下选文着重强调了碳-14年代测定法对考古学的革命性影响。

20世纪40年代，美国化学家威拉德·F·利比（Willard F. Libby）在芝加哥大学发展出碳-14年代测定法，他因此荣获了1960年的诺贝尔化学奖。碳-14年代测定法为确定大多数考古遗迹中有机物的年代，提供了一套准确的测定方法，它在世界各地普遍适用。这种方法使科学家测定历史年代的能力有了革命性提高。它使考古学家从只能依靠人造器物确定年代的单一方法中解脱出来，第一次为他们提供了一种放之四海而皆准的年代测定法。随着碳-14年代测定法的出现，许多老旧的考古体系都被推翻。今天，有了准确可靠的纪年表，我们终于能够为远至更新世晚期的考古遗迹测定年代。

来源：哈德逊·M（n.d.），“理解碳-14年代测定法”。2007年5月16日检索。
来自：http://www.flmnh.ufl.edu/natsci/vertpaleo/aucilla10_1/Carbon.htm

Thorne）。随着时间推移，不同地区的原始人类（即早期人类祖先）逐渐分化，一方面为现代人类的地区差异（即人种）奠定了基因基础，一方面维持了人类作为同一物种的基因联系。多地起源模式意味着，人类历史是在过去100万年中的某个时间点逐步发展起来的。这种模式的证据主要来自对骨骼遗迹的对比研究。

走出非洲，走向争议

第二种假说（有时称为“走出非洲”假说）主要依赖于对现代人类进行基因对比，但是它也宣称自己的理论和现存的骨骼证据相吻合。该假说的理论基点，始于我们发现现代人类族群之间的基因非常相似，相似到我们没有理由相信人类已经进化了超过25万年。这种假说认为，现代人类均起源于生活在距今约25万年前的少数共同祖先。今天，人类最丰富的基因多样性出现在非洲。这就表明，非洲可能是人类的起源地，在迁移到世界各地之前，远古人类在那里居住的时间最长。如果“走出非洲”假说无误，那么现代人类都是从生活在非洲的“直立人”之后的某个形态进化而来的。这个新人种很可能是在某个孤立的群体中快速出现的。

“走出非洲”假说本身就有两个版本。第一个版本认为，尽管现代人类从距今约25万年的非洲进化而来，但那些明显属于人类行为的最早证据（包括先进的狩猎技术和多种多样的艺术活动）仅有5万到6万年的历史。持这种观点的学者包括考古学家理查德·克莱恩（Richard Klein）和其他一些专业人士。从这种观点来看，直到某些细微的基因变化使得人类普遍拥有现代性的语言能力之前，人类还算不上真正的人类，人类历史也还没有真正开始。“走出非洲”假说的这一版本，主要依据新式工具和手工制品的传播，这一点在大约5万年前的亚欧大陆的考古研究中可以明显看到。

近年，“走出非洲”假说的一些支持者提出，由于学者们进行的考古研究多在亚欧地区，而非假定的现代人类的诞生地非洲，因此上述变化的重要性可能被人为夸大了。在对现有的来自非洲的考古物证进行仔细分析后，人类学家莎莉·麦克布里雅蒂（Sally McBrearty）和艾莉森·布鲁克斯（Alison Brooks）指出，非洲典型人类活动的考古物证可以追溯至20万至30万年前，这和我们发现的最早的人类骸骨是符合的。如果麦克布里雅蒂和布鲁克斯是正确的，那人类最早应该出现在距今20万至30万年前的非洲，这个时期也是人类历史真正的开端。我们在这本《极简人类史》中采用的历史分期正是基于这些发现。我们暂时采纳这种说法，即最早的人类出现在距今约25万年前，这也标志着人类历史的开端。但是，我们必须牢记，这个年代可能会被修改。

什么使我们与众不同？

什么使我们和其他物种截然不同？什么使人类历史和其他动物的历史截然不同？对于这些根本性问题，从古至今有很多回答。现代人的回答包括：我们有两足直立行走的能力；我们会使用工具；我们能有计划、有步骤地狩猎；我们有不同寻常的超级大脑。遗憾的是，随着对与人类亲缘相近物种的研究越来越深入，我们发现这些特质在人类近亲（如黑猩猩）身上也有某种程度的呈现。例如，第一位

小贴士

万物有灵论

创世神话

语言的发展

在自然状态下研究黑猩猩的现代动物学家简·古道尔（Jane Goodall）就很快发现，黑猩猩也能制作和使用工具，而且也会狩猎。

现在看来，人类主要区别于其他近亲物种最有力的标志就是语言符号了。尽管许多动物都可以通过各种原始方式与同类交流并分享信息，但只有人类是唯一可以使用语言符号进行交流的生物。语言符号是一个将人造符号用语法联系起来的系统，能够创造出无限的准确话语。语言符号极大地提高了人类交流的准确性，拓展了人类交流的思想和领域。语言符号第一次赋予了人类神奇的能力，让我们可以谈论那些我们没有亲眼见到的事物（比如经历、发生在过去和未来的事情），以及那些我们不确定是否存在的事物（比如灵魂、魔鬼和梦）。

思想实验

大多数人并不知道人类交流系统如何影响生活的方方面面。想想你从家到学校的路线，对沿途的事物你了解多少，又作何感想？现在问问自己："我头脑中的这些思想、观念，有哪些不是别人通过书面或口头的方式装进我脑袋里的？我每天使用的这些物件中，有哪些是我不需要别人的帮助就可以独立发明出来的？"这或许可以帮助我们认识到，他人的经验和思想对你我的重要性。

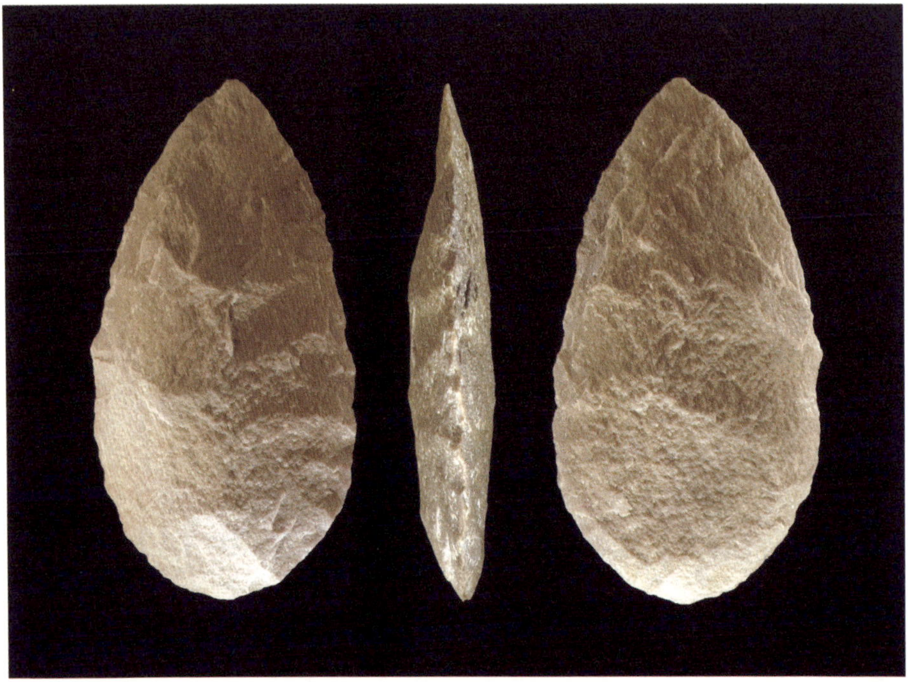

在原始社会，石器是重要的生产工具，由于制造石器的技术比较复杂，原始人类需要借助语言符号，交流并传播这一技术。在石器制造水平较高的阿舍利文化中，原始语言（主要是一些基本的符号）是重要的推动力之一。石器制造促使人类产生语言，语言的产生加快了知识积累，进而推动生产技术的革新。

人类交流系统在效率、范围和准确性方面突然提高，这使得人们可以将自己所学更多地与他人分享。这样，知识的积累速度开始远远超过其流失速度。知识和经验不会随着一个人或者一代人的死亡消失，而是为下一代保留了下来。

就这样，每一代人都继承了前人积累的知识。随着知识积累的不断增长，后人得以采取不同方式，利用这些知识适应多样的环境。除人类以外，地球上的其他生物只有在整个物种的基因构成发生改变时，其行为才会发生重大变化。而人类却不用等基因发生改变，就可以对自己的行为做出重大调整。这种"群体学习"的积累过程，解释了为何人类会拥有超凡能力，并得以适应不断变化的自然和社会环境，它同时也阐明了人类历史为何拥有独特的活力。在人类历史中，文化超越了自然选择，成为变革的首要驱动力。

上述结论提示我们，要追问人类历史的开端，我们不能仅仅依靠早期人类遗骸的解剖学分析，还要注意那些标志着语言符号和技术积累的考古证据。麦克布里雅蒂和布鲁克斯的发现，正是将符号活动能力的早期证物（如研磨颜料以用于身体彩绘的遗迹）和石器技术重大变革的早期证物（如多种直立人族群所掌握的石器技术的消失）与新物种"赫尔梅人"（Homo helmei）的出现联系起来。这个物种的骨骸和现代人高度相似，以至于最终我们可能只能将其并入自己这个物种——现代智人。大约在30万年至20万年前，能证明这些变化的解剖学证据、技术工艺证据以及文化证据就在非洲出现了。

采集狩猎的生活方式

采集狩猎时代的考古学证据非常稀少，以至于我们对早期人类生活方式的理解主要依赖于对现代采集狩猎部落进行研究所得出的结论。事实上，采集狩猎生产模式的概念，是在20世纪70年代末由人类学家理查德·李（Richard Lee）首先提出的，而这正是基于他对非洲南部采集狩猎部落的研究。尽管如此，少之又少的考古学证据可以用来规范现代人类学研究提出的一些归纳性结论。

从为数不多的采集狩猎时代遗迹，以及我们已知的现代采集狩猎者的生活方式和技术工艺来看，我们可以确信，如果以现代标准来衡量，他们的生产力水平非常低下。那时的人类每天从他们所处的自然环境中获取的热量很难超过3 000卡路里，而这是一个成年人类维持基本生存所必需的能量。

低下的生产力水平意味着以后来的标准来看，当时的人口密度非常低，平均每平方千米不足1人。这意味着少量的人口散布在广阔的范围内。

现代研究显示，采集狩猎者可能会有意识地控制人口增长，以避免对土地的过度利用。研究还显示，采集狩猎者可以利用多种方式控制人口增长：如通过延长母乳喂养实现避孕；使用各种堕胎术；有时，甚至会杀死过多的儿童，或者让年老、患病等身体不够健康的成员自生自灭。

由于每个采集狩猎部落都需要一个大的区域维持其基本生存，和现代采集狩猎者类似，远古采集狩猎者可能大多数时间都生活在由几个关系密切的成员组成的小型部族中。大多数小型部族属于游牧性质，你必须步行很长距离，才能走遍你自己的大片部族领地！尽管如此，我们仍然可以确认，临近的部落之间存在着各种各样的联系。比如，几乎所有的人类部族都鼓励成员与外族通婚，以远离自己的直系血亲。采集狩猎部落定期与邻近部落会面，彼此交换礼物和故事，举行各种仪式，一起载歌载舞，共同解决争端。在这种聚会（可能类似于澳大利亚原住民的歌舞会）上，来自不同部落的男男女女会自发地或通过正式的婚约走到一起。

亲缘关系

族群交流意味着每个部落在邻近部落中都有亲属，这就确保了邻近族群之间休戚与共的团结意识和语言之间的相互重叠。血缘亲情结成的纽带造就了地区交流网络，使邻近部落间的人员、物质和思想交流更加顺畅。

基于现代采集狩猎社会的研究显示，家庭和血缘观念为考量和组织社会关系提供了首要方式。事实上，在《欧洲与没有历史的人民》（*Europe and the People Without History*, 1982）一书中，人类学家埃里克·沃尔夫（Eric Wolf）就建议将小型社会描述为“血缘秩序社会”。家族就是社会。这一点对于生活在现代社会的人们来说，恐怕难以理解。血缘和家族观念为行为和礼仪提供了准则，要在当时的世界生存下去，这是十分必要的：那时大多数部落人数不多，没有几个人能在一生中有幸见到几百人。

社会即家族的观点也向我们透露了许多关于采集狩猎社会经济情况的信息。当时的交换关系与现代家庭中的此类关系相似。交换被视为礼节，这意味着交换行为本身比实际交换的物品更重要，交换是巩固、加深现有关系的良方。人类学家认为，这种关系建立在互惠基础之上。与之

小贴士

采集狩猎社会

原住民

亲缘关系

婚姻与家庭

类似，权力关系也就是家庭或扩展家庭的权力关系。公正、纪律——甚至是对反社会行为的暴力惩罚，也可以由家庭一手实施。家庭等级制度（只要其存在）主要基于性别、年龄、经历和家庭成员享有的威望。

基于现代采集狩猎社会的研究显示，尽管男女可能分工不同（就像社会的年老成员和年轻成员分工不同），但他们扮演的角色差异并不一定造就相应的等级关系。女性可能承担大部分照顾子女的责任，并负责采集大部分食物（至少在温带和热带地区是这样，在这些地区采集比狩猎更重要）；而男性则负责狩猎，在上述这些地区，这是一种不太稳定的食物来源。尽管如此，没有证据表明男女承担不同的职责会形成相应的控制与支配关系。在整个采集狩猎时代，人际关系都着眼于个体感受而非等级制度。在一个人际关系密切、没有嫌隙的时代，人们没有必要建立如现代社会这样一个高度制度化的社会结构，这样的构建主要是为了调整陌生人之间的关系。

种类繁多的墓葬品和艺术品留下痕迹，使我们得以一窥采集狩猎者祖先的精神世界，但却无法得到确切的答案。现代对比研究显示，远古采集狩猎者将精神世界和自然世界视为扩展家庭的一部分，其中充满生灵，人们或与之建立亲缘、责任关系，或与之对立。这样，远古采集狩猎者对人类和其他物种、实体的区别就相对模糊，不像我们今天区分得这么分明。明白了这一点，我们就不难理解一些现代人常常觉得不可思议的理念，如图腾崇拜——将动物、植物甚至地质构造（如山峰和湖泊）视为神灵，顶礼膜拜。虽然部落与部落之间象征精神的具体图腾存在很大差异，但是相信万物有灵是采集狩猎社会最根本的关于宇宙的设想（或宇宙模型）。这种设想能帮助我们更好地理解当时的世界：动物和物体都充满了不确定性，人类只好随性为之。

生活水平

人类学家马歇尔·萨林斯（Marshall Sahlins）在其1972年发表的一篇文章中，对采集狩猎社会物质生活水平低下

思想实验

早期采集狩猎者的饮食状况和我们今天大不相同，但其饮食需求和我们相差无几。想想今天我们花多久就能获取3 000卡的热量，你可以以下面的快餐食谱为例：

早餐：唐恩都乐（Dunkin' Donuts）烤肠，鸡蛋，
奶酪牛角包（690卡），热巧克力（220卡）；
中餐：麦当劳麦乐鸡汉堡（425卡），16盎司可乐（210卡），
10个炸洋葱圈（244卡）；
晚餐：汉堡王超级汉堡（670卡），1中杯奶昔（560卡）。

现在想象一下，如果没有商店、餐馆，而你想从水果、昆虫的幼虫、鱼等食物中获取相应的热量，你得花多少时间从你家附近的自然环境中找到这些食物？你每天花多少时间做这些事情？你需要多少新知识，来辨别哪些食物是安全的，哪里可以找到这些好的食物？

的传统看法提出了质疑。基于从现代采集狩猎社会搜集到的证据，他反驳道，从某些方面来看，采集狩猎者（当然指那些没有生活在严酷自然环境中的群体）的生活算得上富足。游牧生活不利于物质财富的积累，因为人们不得不随身携带他们拥有的财物；同样，采集狩猎这种随时从周围环境获取生存所需的生活方式，也不利于财富积累。在当时的世界，人们没有必要积累物质财富。以今天的眼光来看，私有财产的缺失就是贫穷的标志。但萨林斯认为，采集狩猎者很可能感到生活富足，因为他们的生活所需可以从周围的环境中获取。尤其是那些生活在温带地区的采集狩猎者，他们的饮食富含营养、多种多样；饮食的多样性使远古采集狩猎者们免受饥荒的困扰，因为即使他们喜欢的食物歉收，他们还有其他多种选择。

生活闲适，但生命短暂

古生物学家（专门研究化石中的生物的专家）的研究已经确认，远古采集狩猎者的总体健康状况优于早期农业社会的人类。采集狩猎者居住的小型社会使他们和流行性疾病隔离开来，频繁的迁移活动又避免了招引致病害虫的

思想实验

环顾一下教室的四周。想象你就生活在采集狩猎时代，你不必去学校，也不必走进一间正方形的教室，你可能每天都待在野外，搜寻坚果、浆果或鹿。好吧，可能不是你们中间的所有人，但你们中间至少有一半人活不下来，因为50%的儿童会在10岁之前死亡。假如你是其中的幸运儿，勉强幸存，想想如此频繁地失去年幼的兄弟姐妹，会是一种什么感受……

垃圾堆积。现代对比研究显示，采集狩猎者的生活相当闲适，他们每天只需花几个小时寻找生活必需品，所花时间比农业社会和现代社会的大多数人都要少得多。当然，我们也不能过分夸大。从另外一些方面来说，毫无疑问，采集狩猎时代的生活十分艰苦。比如，预期寿命可能非常低（或许低于30岁）。尽管也有许多人活到了七八十岁，但相比大多数现代社会，其居高不下的婴儿死亡率、意外事故以及人为暴力，也造成了更多年轻成员死亡。

采集狩猎时代的重大变革

采集狩猎部落规模过小和跨地区思想交流受限，足以向我们现代人解释，为何在这段历史时期技术革新相当缓慢。尽管如此，相比我们的猿人祖先（包括两足直立行走的灵长类哺乳动物及其他相关种类）和其他大型物种的变革，这一时期的变化可谓相当迅速。只举一个例子：我们的直系祖先直立人使用过的阿舍利手斧（Acheulian hand axes，一种源于非洲、有200万年历史的石质工具）就曾历经100多万年而没有多少变化。而在20多万年的采集狩猎时代中，我们的祖先创造了令人叹为观止的多样技术和新型的生活方式。事实上，约20万年前，阿舍利石器技术在非洲突然被更多样、更精良的石器制作技术取代，这一事件正是我们认为现代人类从此出现的最有力证据之一。许多通过这种方法制作的新型石器十分袖珍，可能装有手柄——手柄的出现大大提高了石质工具的灵活性，拓宽了其用途。

我们的采集狩猎者祖先的技术革新能力，使他们能在陌生的土地上探索、定居，这是和他们出生、进化的地方截然不同的环境。事实上，这种创造力正是我们人类区别于其他物种的关键之一，包括与我们亲缘关系最近的类人猿。据我们所知，类人猿还无法完全恰当地调整其行为，使自己可以迁移到新的栖息地。这正是我们通常认定人类有历史，而这些物种却没有历史的原因。相比之下，人类采集狩猎时代的历史是由许多迁移到陌生环境、未被记载的小故事组成的。微小的技术革新，新知识、新技巧的积累，生活方式的细微变化，共同促成了这种迁徙。

随着人类越来越广泛地遍布地球，人类的数量明显增加了。尽管基因证据显示距今约7万年前，人类人口缩减至区区几千人，但是现今对采集狩猎时代的人口进行估算，大体上还是依赖于猜测。最近，人口统计学家马西姆·利维巴奇（Massimo Livi-Bacci）提出了一个颇具影响力的推测。他宣称3万年前，世界人口仅有几十万人；但到了1万年前，人口可能已达600万左右。如果我们假定3万年前世界人口为50万，那么就意味着，在距今3万年到1万年前这一时间段中，世界人口的年增长率低于0.01%。也就是说，世界人口大致每8 000年至9 000年翻一番。我们可以把这个增长率和其他历史阶段的平均增长率作比较：农耕时代是每隔1 400年翻一番，现代社会是每隔85年翻一番。

▣ 思想实验

人口“翻一番时间”究竟是什么意思？假定人口增长率为每年0.01%——这是假设的3万年前的人口增长率。为了理解“翻一番时间”在此人口增长率之下的意思，想象一下下面的场景：某一个村庄有11个人，刚好组建一支足球队。他们非常想和其他球队比赛，但却一个人也找不到。以上述人口增长的速度，他们要等多少年才能凑齐22个人呢？答案是：9 000年。（如果想要替补队员，则需要更长的时间！）

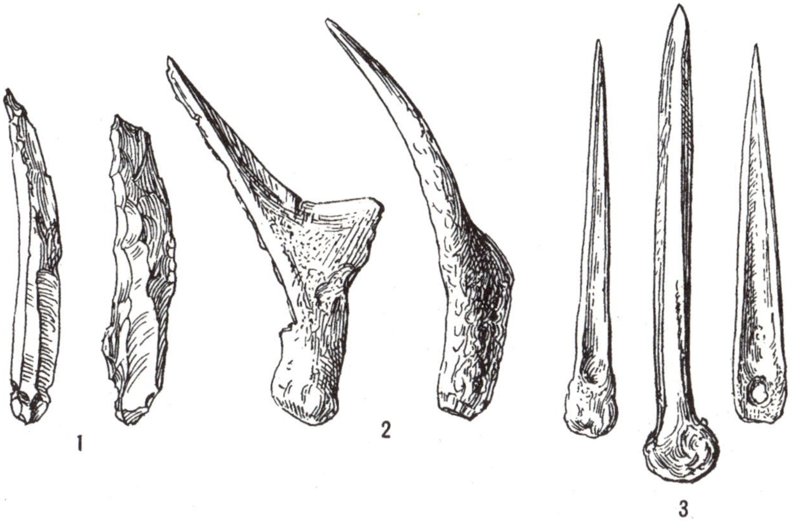

图中展示的是各种早期的尖状工具。第1组工具用石质薄片制成；第2组用鹿角制成；第3组用动物骨骼制成；第4组用鹿角制成；第5至7组用切割而成的石头制成。

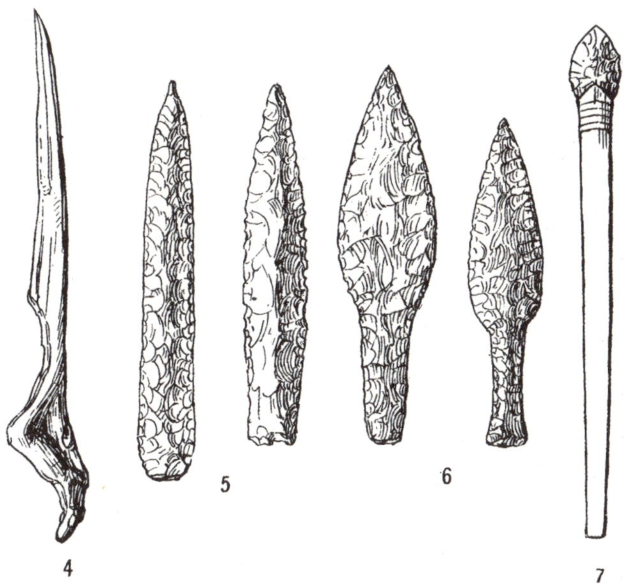

技术变革

采集狩猎时代的增长速度在两个看似矛盾的方面引人注目。至今，人们仍将人口增长视为技术革新的间接标志。因此，采集狩猎时代的人口增长意味着技术革新贯穿整个时代，也暗示技术革新在加速。当然，对比人类历史的后续时期，这种增速还是极其缓慢的。造成这种差异的部分原因是采集狩猎部落规模较小，分布比较分散，导致信息交流受限。事实上，变革发生得如此之慢，以至于一个人穷其一生都很难注意到。这意味着，远古采集狩猎者并没有多少长期变化的意识，他们大体将过去视为基于目前的一些细微变化而已。

迁移到陌生环境，往往需要新的技术、技能。这种类型的迁移可能在采集狩猎时代早期就开始了，但当时所有人类都还居住在非洲大陆。不巧的是，研究人类历史初期的技术变革是非常困难的，因为现存的器物能为我们提供的信息很少，我们无法得知当时的工匠们有多少技术知识。今天，我们可以依赖汽车、电脑之类的物品，因为这些东西代表了大量的专业知识。然而，现代人类学研究显示，采集狩猎者的技术知识主要储存在大脑中，而并非体现在器物上。出于这种原因，采集狩猎者残存的工具仅仅能为我们留下关于他们真实技术、技能的苍白印迹。

尽管如此，变化的证据还是相当有力的。人类迁移到新环境的第一个证据就是人类遗骸开始出现在非洲大陆的各个地方。到了距今约10万年前，一些部落学会了利用海岸周围的资源生活，如贝类动物；而另一些则逐渐适应了热带雨林和沙漠的生存方式。证据表明，相距达几百公里的部落开始以物易物，这说明相距较远的部落也在进行信息

小贴士

灭绝

非洲—亚欧大陆、亚洲及欧洲的人口迁移

人口增长

技术

交流。所有这些交流成为激发技术试验的关键因素。

向非洲以外地区迁徙

从距今约10万年前开始，一些远古人类开始走出非洲，在世界其他地方定居。现代人部落逐渐出现在亚洲西南部，从那里，人类开始向东、向西迁徙，来到亚欧大陆更偏南、更温暖的地区。这些迁徙将人类带到了类似非洲故土的自然环境，因此不一定意味着他们有任何技术突破。事实上，许多其他物种也存在类似在亚洲和非洲之间迁徙的情况。但是当时间来到距今55 000年至40 000年前，人类出现在冰河时代的澳大利亚大陆时，这一事件立刻被视为技术创新的明显标志。因为抵达澳大利亚大陆需要高超复杂的航海技术，而且要想定居在澳大利亚大陆，人类必须适应完全不同的生物环境。迄今为止，我们还没发现其他哺乳动物能独立完成这样的壮举。

同样载入史册的还有约3万年前人类在西伯利亚的出现。要想在冰河时代末期的中亚大草原（面积广大、浩瀚无垠的大片无树草原）生活，你必须掌握捕获大型哺乳动物（如鹿、马、猛犸等）的高超狩猎技术，因为此地可食用的植物要比温暖地区少得多。而且，你必须学会取火，制作贴身的衣物，建造经久耐用的房屋，以保护自己不受严寒的侵袭。到了13 000年前，通过穿越冰河时代连接东西伯利亚和阿拉斯加的白令陆桥，或是乘船绕道白令陆桥沿岸，人类抵达了美洲。随后，在进入美洲的2 000年内，一些部落深入到南美洲的南部地区。

每一次这样的迁徙都需要新的技术，新的植物学、动物学知识以及新的生活方式。这样，每一次迁徙都代表着一次技术突破，而每一次技术突破都有赖于人类部落在尝试开发各自小区域的特定资源时，做出的不计其数的技术调整。尽管如此，没有证据表明这一时期人类部落的平均规模变大了。采集狩猎时代的技术变革使人类居住得更分散，而不是更集中。人类散布在更加广泛的世界范围，但他们仍旧生活在流动的小型部落中。

人类对环境的影响

虽然一般来说，采集狩猎者对他们生活的自然环境影响

▣ 思想实验

如果你所在的部落平均每年迁移10英里（约16公里），想想你们需要多少年才能从非洲出发，穿越俄罗斯和西伯利亚，到达阿拉斯加，然后再横穿整个美洲，抵达最南部的火地岛？完成迁移需要技术进步。再想想当你从非洲（这里气候炎热，动植物资源丰富）启程，到达西伯利亚（这里气候寒冷，植被缺乏，有很多大型动物，如猛犸），再到达北美洲（这里森林茂盛，充满了未知的动物和植物），再先后穿过中美洲的热带丛林和安第斯山脉，抵达火地岛，一路上你需要多少新的知识技能？

有限，但那些使人类得以完成上述迁徙的技术创新，却意味着他们对自然的影响在增加。尽管围绕下面两个话题还存在一定争议，但许多大型动物（巨型动物）物种的灭绝和“刀耕火种”的盛行，就是人类对自然环境的影响力不断上升的有力注解。

巨型动物灭绝

在刚刚过去的5万年中，许多大型动物物种相继灭绝，尤其是在人类新近踏足的地区，无论是澳大利亚、西伯利亚还是美洲。澳大利亚和美洲可能失去了70%—80%体重在100磅（约45公斤）以上的哺乳动物物种。这些物种包括澳大利亚的巨型袋鼠和袋熊；西伯利亚冰河时代的猛犸和长毛犀牛；美洲的野马、骆驼、大树懒和剑齿虎。欧洲可能失去了40%的大型动物物种；而在人类和大型哺乳动物长期共存的非洲，仅有14%的大型动物灭绝。随着考古学家推算出更加准确的日期，我们发现这些灭绝发生的时间正好和现代人类抵达相关地区的时间大致吻合，这就意味着人类导致这些动物灭绝的可能性大大增加。

类似的灭绝在近几个世纪仍在发生：比如，一种与鸵鸟差不多大小、名为“恐鸟”的动物在新西兰灭绝。这个活生生的现代例子向我们展示了，没有任何与人接触经验的大型动物，在面对狩猎技术日趋精湛的人类时，可能会遭遇些什么。此外，这些动物的低生育率也使他们极易灭绝。大型动物在澳大利亚和美洲的灭绝改变了这些地区的历史：因为大型动物的丧失意味着人类再也无法利用这些资源，无法将它们驯化成役畜，或者当成食物、纤维素的重要来源。

刀耕火种

证明早期采集狩猎者对自然环境的影响日益增加的第二个例子，就是澳大利亚考古学家里斯·琼斯（Rhys Jones）称之为“刀耕火种”的人类活动。严格地说，刀耕火种算不上一种真正的种植活动。然而就像种植一样，它是一种通过调控自然来增加人类认为有用的动植物产量的方式。刀耕火种者会定期烧掉土地上的残留物，以防止危险可燃物的堆积。定期放火烧地还可以清理低矮的杂草，沉积灰烬。实际上，这种做法加速了已死的有机物的分解，使新生植物迅速萌芽，从而吸引食草动物和捕食这些动物的掠食者。在短短几天或者几周之内，猎人便可以重返他们烧过的这片土地，找寻到许多新的植物和以这些植物为食的各种动物。

人类有计划地在其定居的大陆上焚烧土地。随着时间流逝，这种活动逐渐改变了当地的地貌和动植物混杂的模式。以澳大利亚为例，千百年来持续不断的刀耕火种，使桉树分布的范围越来越广，但这却是以其他畏火植物的减少为代价的，也因此塑造了与人类初到澳大利亚时截然不同的地貌。

加快步伐

从距今约5万年前开始，技术革新的速度开始加快。人类顺利迁移到新大陆、新环境，便是技术革新加快的一个佐证。此外，新的技术、技能开始传播，石质工具变得更多样、更精致，很多还安装了手柄。人们开始使用新材料，如兽骨、树脂和植物纤维。从距今约3万到2万年前开始，越来越多的新式精密工具逐渐出现，包括弓箭和长矛抛掷器。

苔原地区（苔原是平坦或稍有起伏的无树平原，位于典型的寒带和亚寒带地区）的采集狩猎者们用骨针缝制动物皮毛，精心剪裁以制成衣物。有时，他们会用动物牙齿或贝壳制成的精美饰品装点衣物。他们的猎物遗迹显示，猎人们的狩猎技术（尤其是在寒冷的气候条件下）已经非常专业，这说明他们对不同环境的了解变得越来越熟练。岩洞壁画、木质或骨质雕塑也开始出现在互无联系的非洲、澳洲、亚洲和欧洲各地。

富足采集狩猎者的出现

不断加速的技术革新带来了新发展，为最终引导人类进入农耕时代的变革埋下了伏笔。大多数的采集狩猎技术是“分散型”的，它引导人类占据了广大的地区，但却没有扩大单个部落的规模。然而，采集狩猎者有时也会采用“集约型”技术。换句话说，这是一种引导他们从给定区域内获取更多资源的技术。这种技术使采集狩猎者们能创建规模更大、更稳定（适宜定居）的部落。这种变化的证据普遍来自于距今20 000年至15 000年前，其中最著名的证物来自位于美索不达米亚和尼罗河谷之间的走廊地带，这是连接非洲和亚欧大陆的一片区域。人类学家很早就意识到，居住在物产丰富地区的采集狩猎者们，其流动意识可能会逐渐减弱，他们大部分时间会生活在1到2个主要的定居地内。而且，只要采集狩猎者们发明出能提高特定区域内资源产出的新技术，他们的定居意识便愈发增强。人类学家将这种采集狩猎者称为“富足的采集狩猎者”。

下一个例子来自澳大利亚，我们在这里可以对采集狩猎生活进行深入研究，因为原住民将这种生活方式延续到了

钦西安人使用的弯木带盖木箱，用于储存毛毯等物品。箱体四周是用赤铁矿粉等天然颜料绘制而成的线条纹饰。该物品是富足采集狩猎者身份的代表。

现代。在过去的5 000年里，澳大利亚多地出现了更新颖、更小巧、制作更精良的石质工具，包括可能用来当作矛尖的袖珍石尖。一些工具制作得异常精美，以至于方圆几百英里的部落都来进行交易，并将其当成仪式用品。新技术意味着获取资源的新方式。在维多利亚州，人们曾设计了诱捕鳗鱼的复杂陷阱，有的陷阱甚至建有近300米长的管道。在管道的某些点上，人们会设置网兜或锥形陷阱，用树皮制成的长条或编织好的灯芯草带捕获受困的鳗鱼。这些“鳗鱼农庄”能收获数量可观的鳗鱼，于是人们开始在附近兴建相对固定的居住设施，其中一个居住点包含近150个由石头搭建的小屋。除了鳗鱼，这些小型定居点的居民还依靠本地的其他资源生活：从鸸鹋到袋鼠，都成为他们的猎物，他们还将当地植物也当成食物，如雏菊或山药的块茎、蕨类植物以及各种旋花科植物（旋花科的草本植物、灌木植物等）。

一些部落开始收获各种植物，如番薯、水果、谷物等，这意味着人类开始向农业社会转型。人们在收获番薯时，会有意识地促使其重新生长；人们还会故意将水果的种子种到废物堆里，以建成小型的果园。

在更加贫瘠的澳大利亚中部地区，早期欧洲殖民者目睹了当地部落用石刀收获野生小米，并将其垒成大草垛存储起来。在一些地区，考古学家还发现了15 000年前用于研磨植物种子的磨石。在澳大利亚沿海的许多地区，人们开始划着小船，用贝壳制成的鱼钩打鱼。捕鱼活动使他们得以建立人口更多、居住更集中的部落。总体来说，定居在沿海地区的人口要比内陆地区的人口更多、更密集。

富足采集狩猎者部落的出现，为人类历史下一个关键的过渡期开辟了道路：在这个时期，那些有计划、系统性地操控自然，以期从给定区域获取更多资源的新部落出现了。我们将人类从事这种活动使用的所有技术命名为“农业”将农业技术占绝对主导地位的这个时代称为“农耕时代”。

世界历史中的采集狩猎时代

历史学家们时常推测，在漫长的采集狩猎时代，没有多少东西发生了变化。对比人类历史的后续时代，这种推断似乎是正确的。在采集狩猎时代，即使发生变化，其速度也相当缓慢，以至于个人穷其一生也很难察觉到这些变化。如此一来，男男女女都很难意识到技术革新的重大意义。尽管如此，对比人类出现以前的时代，采集狩猎时代的技术革新速度已经相当惊人。由于人类掌握语言符号，技术协同成为可能（通过语言联系人类个体，从而产生创造力），人类社会逐渐成功地学会了在不同的自然环境中定居生活。新技术的逐步积累，使采集狩猎部落通过迁移，定居到世界大部分地区。这是史无前例的壮举，不仅其他灵长类动物没有做到，就连我们的猿人祖先也没有做到。

在25万年的时光里，变革的速度逐渐加快。在最近的5万年中，世界各地的采集狩猎技术均呈几何倍数增长。最终，采集狩猎技术发展得足够高超，使某些地区的一些部落能够更加深入、更加集中地利用当地资源。这种变化标志着迈向农耕社会的第一步。

3

加速

农耕时代

随着第一批农业部落的出现，在距今11 000年至1万年前，农耕社会诞生了。我们可以将农耕社会定义为人类历史中农业生产技术占绝对主导地位，并成为大多数人类社会根基的时代。在近250年以来，随着现代工业技术在生产力水平上赶超农业，并逐渐改变人类的生活方式，农耕社会逐步走向消亡。

虽然和长达25万年的采集狩猎时代相比，农耕时代仅仅延续了区区1万年，但迄今为止，70%的人类成员可能都生活在农耕社会，因为这一时代的技术远远比采集狩猎时代高产。

农耕时代以其绚丽的多样性著称于世，其丰富程度甚至超过了采集狩猎时代和现代社会。可事实上，多样性是技术创新和技术停滞共同作用的产物，因为新技术（如农业技术和畜牧业技术）虽然开创了新的生活方式，但通信技术的局限和落后却保证了世界不同地区的有效隔离，使各地都能沿着自己的既定轨道独立发展。我们现在可以确认几个截然不同的“世界区域”，这些区域直至公元前1500年，彼此之间没有任何联系。这四个最著名的世界区域是：非洲—亚欧大陆（从非洲南部一直延伸到西伯利亚西北角）、美洲、澳大利亚以及太平洋各岛屿。

在每个世界区域内，各地区社会之间保持着藕断丝连的物质和文化联系，并且形成了一个较大的网络。在某些世界区域内，由于相对紧密的政治、经济、文化联系，“农耕文明”出现了。时光荏苒，这些文明逐渐和其他地区的农耕文明建立了联系，也和生活在各大农耕文明交界区域的人们展开了交流。尽管如此，据我们所知，直至公元前1492年，不同世界区域间还没有任何显著的交流。生活方式的丰富多彩和不同地区之间的相对孤立，解释了为何相比采集狩猎时代和现代社会，我们更难总结出一套放之四海而皆准的农耕时代的社会特征。

当然，世界各地的发展轨迹总是有着惊人的相似点。农业在世界各地是独立出现的，无独有偶，国家、城市、历史建筑以及书写文字也是如此。所有这些类似之处引出了一系列深刻的、关于人类历史演化基本模式的问题：无论在任何地区，无论在任何社会和生态条件下，人类历史是否存在一个基本轮廓，一个大体一致的发展方向和模式？如果这种基本模式存在，它是否来源于我们这个物种的天性或者文化演变的基本原则？抑或这些类似都是误导性的？我们是否应该强调人类历史经验的多样性、开放性，而不是其一致性和趋同性？

农业的起源

“农业”一词在这里用来描述能够增加人类优选的动植物产量并且一直在演化、发展的各种技术。从生态学上讲，农业能比采集狩猎更有效率地获取自然界通过光合作用储存的能量与资源。因为耕种者能比采集狩猎者更自觉地介入自然环境，农业放大了人类对自然环境、自身文化和生活方式的影响。农业生产者如此密集深刻地调控动植物物种，以至于他们的选择开始改变作物的基因构成，我们将这一过程称为“驯化”。通过砍伐森林、使河流改道、开垦山坡和耕种土地，农业生产者极大地改变了地球的面貌，使其越来越受人类活动控制。

最终，通过改变自己的生活方式，农业生产者创建了新型社会群落。就规模和复杂性而言，它们和采集狩猎时代的部落有着天壤之别。人类不仅驯化了其他物种，也驯化了他们自己。

农业不会使土地的作物产量自动增加。事实上，农业生产者会通过去除对人类无用的物种，降低土地的总产量。他们增加的仅仅是那些对人类有用的作物产量。去除无用的杂草可以将更多的养分、阳光和水留给驯化作物，如玉米、小麦和稻谷；而消灭狼群和狐狸则能够使牛羊和鸡群繁盛兴旺起来。通过提高人类优选的动植物的产量，农业生产者得以供养更多的人口。在使用采集狩猎技术的时代，这是不可能实现的。

思想实验

设想你将在自然灾害后重新开始生活。你去不了商店，因为交通和通信系统仍无法运作。你能吃的所有东西仅限于森林和田野中可以找到的食物。在你力所能及的范围内，你能找到哪些可以放心食用的东西？你会如何烹制它们？如果生吃，你能想象嚼食生鱼和野生谷物的感觉吗？另外，如果你想自己种植食物，你该从哪里入手呢？

美洲印第安人有一句谚语："狗让我们成为人。"人类大约在3万年前驯化了狗，并将其用于捕猎。狗后来演变成人类的伴侣，有时也成为他们的食物，甚至影响了他们的交流方式和组织方式。

采集狩猎时代的技术变革是粗放型的（通过拓展生活范围使人口数量翻倍增长），而农耕时代的技术变革则是集约型的（它使得更多人口能够在给定区域内生存）。久而久之，人类及其驯化的动植物开始在更大、人口更稠密的社会群落定居下来；如此一来，人类居住的生态和社会环境发生了彻底的改变，这种改变的性质和速度在人类历史进程中都是革命性的、前所未有的。

农耕时代的最早证据

农耕时代最早证据的确切日期还有待修正。迄今为止，农耕时代的最早证据来自美索不达米亚和尼罗河谷之间的走廊地带，这是连接非洲和亚欧大陆的重要通道。在肥沃的新月地带（即环绕美索不达米亚地区重要河流的弧形高地），自公元前8000年（距今1万多年前）起，人们就已开始种植谷物。在尼罗河以西的撒哈拉沙漠（那时的土地还不像今天这样贫瘠），人们可能早在公元前9000年至前8000年就已经学会驯化牲畜，在随后的1 000年内，人们可能又开始种植高粱。在非洲西部，人们从公元前8000年起就开始种植甘薯。在中国，人们从公元前7000年起便开始在南方种植稻米，在北方种植其他谷物。此时，在马来群岛的巴布亚新几内亚，人们已经开始了基于甘薯和芋头（一种大叶的亚洲热带植物）种植的农业生产。最早种植根茎类作物的部落可能来自热带沿海地区，然而随着冰河时代后期海平面的上升，大多数这样的遗迹都被淹没了。在中美洲（含墨西哥及其南部半岛的大部分地区），人们尽管可能早在公元前7000年就开始种植瓜类，但直到公元前5000年，系统性农业的证据才开始出现。在安第斯地区，农耕

公元前1200年的埃及坟墓壁画。农业的兴起并非一夜之间，而是历时数千年的缓慢过程。农业革命彻底改变了人类的生活方式。

时代开始的最早证据出现在公元前3000年。正是从上述地区和其他农业生产独立出现的地区，农业生产技术及其生活方式逐渐扩展到世界的大多数地区。

迄今为止，我们对农业诞生的源头仍缺乏令人信服的解释。任何相关的解释都必须说明一个有趣的现象：在采

农耕时代大事年表

公元前13000—前11000年	部分人类开始定居生活。
公元前9000—前8000年	人类在非洲撒哈拉地区驯化牲畜。
公元前8000年	谷物种植出现在美索不达米亚。 甘薯种植出现在非洲西部地区。
公元前7000年	中国南方、北方分别开始种植稻米、谷物。 巴布亚新几内亚开始种植甘薯和芋头。 中美洲开始种植瓜类。
公元前4000年	农副产品革命出现在非洲－亚欧大陆。
公元前3000年	南美洲安第斯地区出现作物种植。 美索不达米亚和埃及出现城市和国家。
公元前2500年	印度、巴基斯坦和中国北方出现城市和国家。
公元前2000年	亚欧贸易网络开始发展。
公元前1000年	中美洲和安第斯地区出现城市和国家。
公元前500—1000年	新城市和新国家开始诞生，人口增加， 地区间贸易网络发展。
500—1200年	很多太平洋岛屿有了人类定居。
1500年	贸易和迁移将所有主要世界区域紧密相连。
1750年	随着工业化进程的出现和扩展， 农耕时代走向衰落。

小贴士

安第斯国家

古代埃及

哈拉帕文明和印地文明

中美洲

美索不达米亚

集狩猎的生活方式延续了20多万年以后，农耕种植的生活方式为何在短短的几千年里就在彼此没有密切联系的世界各地蓬勃发展起来了。当我们认识到农业是在世界多地各自独立发展起来的时候，我们也就推翻了曾经盛行一时的一种观点：认为农业是一项绝妙的发明，当它在诞生地出现时，人们就认识到了它的优势，并将其从单一中心推广到世界各地。但当研究者发现采集狩猎者即使知晓农业，却仍坚持原有的生活方式时，上述观点就进一步受到冲击。采集狩猎者反对改变，可能是由于早期农耕者的营养和健康水平普遍低于周围的采集狩猎者，而农耕者承受的压力却要高于他们。如果农业反而会降低生活水平，那么关于农业如何起源的解释就要更多依赖于“推动力”而非“拉动力”。换句话说，早期农耕者并非心甘情愿地接受这种生活方式，而是如我们推测的，他们是被迫接受农耕生活的。

富足采集狩猎者

解释农耕革命起源的轮廓已经成形，但是许多细节还需要实际例子的支撑。人们已经对中美洲和美索不达米亚的农耕文明进行了深入的研究。在上述两个地区，农耕村庄都是伴随着采集狩猎者加大对特定资源的开发力度，并逐步提高其工具和技术的精准和效率以适应环境，如此这般，历经几个世纪后逐渐形成的。这是迈向农业的第一步。当步伐越走越远，这样的技术工具便可以将传统采集狩猎者转换成“富足采集狩猎者”。相比传统采集狩猎者，富足采集狩猎者能从给定区域获取更多的资源。久而久之，他们得以获取足够的资源，过上半定居的生活：在一个地方住上大半年。这种生活模式在物产丰富（如鱼类和野生谷物充足）的地区尤其容易出现。上一个冰河时代末期，这种社会群落在世界多地出现，这种现象让我们不由得将这些变化和始于18 000年至16 000年前令人捉摸不透的全球变暖联系起来。

在温带和热带地区，温暖的气候可能已经造就了局部的“伊甸园”——物产极其丰富的地域——原本稀少的高营养植物（如野生稻谷）在这里繁荣兴盛起来。实际上，由于上一个冰河时代严酷的气候条件，集约型农业基本不可能实现；可是到了后来，冰河时代末期竟成为农业产生的关键条件之一，使农业在近10万年内第一次成为现实。

上一个冰河时代的末期正好和采集狩猎时代全球人口大迁移的最后阶段重合。人类学家马克·科恩（Mark Cohen）指出，截至上一个冰河时代末期，地球上已经很少有人类未曾涉足的地方，而且从采集狩猎时代的标准来看，当时世界的一些地区已经出现人口过剩的问题。或许正是由于当时温暖、湿润、适合作物生长的气候与部分地区不断增长的人口压力不期而遇，促使一些采集狩猎部落在11 000年至1万年前开始定居生活。纳吐夫部落就是代表这种变化的一个典型的例子，14 000年至12 000年前，他

黑海
安纳托利亚
恰塔霍裕克
哈桑·凯米
台比西
哈吉拉尔
恰约尼
阿布胡赖拉
扎维·凯米
沙尼达尔
底格里斯河
塞浦路斯
地中海
美索不达米亚
耶莫
艾因·哈扎尔
尼罗河
三角洲
内提夫·哈杜德
耶利哥
幼发拉底河
甘兹·达列赫
阿里·库什
梅里姆达
北
波斯湾
尼罗河
红海
撒哈拉
纳布塔
普拉亚
瓦迪·库巴尼亚
比尔·库赛拜
0
400英里
0
400千米
西亚和埃及的
原始农耕社会

们生活在美索不达米亚附近肥沃的高地上。纳吐夫部落大体上已开始定居生活，但他们仍延续采集狩猎的生活方式，采收野生谷物并捕捉瞪羚。在尼罗河东部的埃塞俄比亚，类似部落可能直到现代社会早期依然存在，他们以采收野生高粱为生。

充分发展的农业

最终，一些定居或半定居的采集狩猎者变成了农业生产者。对农业生产出现后的第二阶段的最佳解释可能来自人口统计学。如前所述，针对游牧式采集狩猎者的现代研究发现，采集狩猎者部落可以通过各种方法控制人口增长，如延长母乳喂养时间（这样可以抑制妇女排卵）、杀婴、杀老等各种方式。当然，对于定居在物产丰饶地区的采集狩猎者们来说，这种限制完全没有必要，可能早已被废止。即便如此，经过两到三代的发展，定居在物产丰饶地区的采集狩猎者们可能也很快发现，周围环境能够提供的资源已经无法满足日益增长的人口的需求。

人口过剩带来了两个显而易见的选项：迁移或精耕细作（在相同面积的土地上产生更多的食物）。当土地资源匮乏，且临近部落也面临相同问题时，他们可能别无选择。定居下来的采集狩猎者必须精耕细作。即使是那些能够返回其传统游移生活的采集狩猎者可能也会发现，两三代以后，他们便无法涉足祖先曾有的领地，他们也会逐渐失去游移式采集狩猎者应有的技能。那些选择精耕细作的部落必须利用现有技术，努力提高生产力。他们已经有了不少急需的知识：他们知道如何除草，懂得如何灌溉，知晓如何驯化各种牲畜。人口过剩也为人们更加精确、系统地应用这

小贴士

农业社会

农副产品革命

水资源管理

些知识注入了一剂强心针。上一个冰河时代末期出现的全球气候变暖扩大了可食用作物（如小麦和野生稻米）的耕作范围，提高了产量，使农业的精耕细作成为可能。

上述论据似乎都可以证明为何人类迈向农业社会的过渡期出现在上一个冰河时代末期。它们也符合我们所知的其他地区向农业过渡时期的情况，尤其是温带地区——这里的农业主要建立在谷物种植基础之上。这些论据还有助于解释为何一些地区未能出现高度发达的农业（如澳大利亚），尽管我们的考古记录中已经有不少澳大利亚迈向农业社会的早期证据，如富足、半定居式的采集狩猎者的出现。

变革的种子

当农业出现在一个地区之后，它便开始传播。这首先是

思想实验

上一个冰河时代之后，更加温暖、湿润、适应作物生长的气候也许可以解释为何采集狩猎者最终汇集成为农耕社会。你认为21世纪的全球气候变化能够改变我们居住的这个社会的根本性质吗？它会像11 000年前发生过的那样，引领我们创建一种全新的生活模式吗？

由于农耕部落的人口迅速增长，他们必须找到新的土地用于耕种。尽管对许多采集狩猎者来说，农业可能只是一个毫无吸引力的选项，但农耕部落通常确实比采集狩猎部落拥有更多的资源和人口。当冲突发生时，更多的资源和人口意味着更强大的力量。农业最容易扩展到那些与现有农业区接壤，且拥有相似土壤、气候和生态的地区。而在环境条件不同的地区，农业的扩展则有待于新技术的发展成熟，如能够适应新定居点自然环境的更好的灌溉手段和新型的作物品种。

这样的变化十分明显，例如，当农业从亚洲西南地区扩展至气候更凉爽、湿润的东欧、中欧和北欧时，或是当玉米种植从中美洲向北扩展时，都需要在一定程度上依靠作物本土化时产生的细微基因变化。在没有新技术的地方，采集狩猎的生活方式可能延续更长的时间，农业的扩展可能被抑制，有时甚至会推迟数千年时间：例如亚欧大陆无树草原的边缘地带，农业种植的生产方式直到现代才被引入。通常，农业扩展都会经历所谓“萌芽”阶段：部落村庄人口过剩，年轻家庭被迫开辟新的土地，定居在离原来村庄不远的地方。

总体特点和长期趋势

尽管存在超乎寻常的文化多样性，农耕部落之间共享一些重要的特征，这些特征确保了农耕时代的延续。这些特征包括：以村庄为基础的社会构成，人口活力增强，技术创新加速，农副产品革命，灌溉，流行性疾病，权力等级，以及与非农耕民族的关系等。

埃及坟墓壁画上的丰收场景。本地人口压力、向新环境的扩张以及不断增长的思想和物资交流，都促使农耕技术不断进步。

以村庄为基础的社会构成

所有农耕社会的根基都是村庄，这是由耕种农户组成的较为稳定的社区。尽管地区与地区之间在作物品种、农耕技术和礼节仪式等方面差异巨大，但他们都受春耕秋收、夏储冬藏的农耕节奏的影响，都需要家庭内部和家庭之间的协同合作，都需要处理与外部族群之间的关系。

人口活力增强

不断提高的农业生产力，意味着农耕时代的人口增速远远超过采集狩猎时代。快速的人口增长意味着支撑其成为现实的村庄模式和技术，最终将扩展到可以进行农业生产的其他地区。现代研究显示，在农耕时代期间，世界人口由1万年前的600万增长到1750年现代社会初期的7.7亿。虽然这些数字背后隐藏着巨大的地区和年代差异，但基本可以得出每年约0.05%的平均人口增长率；以这种增速，人口每1 400年会翻一番。我们可以把这种速度和采集狩猎时代每8 000年至9 000年翻一番的速度，以及现代社会约85年翻一番的速度做一下对比。

技术创新加速

本地人口压力、向新环境的扩张以及不断增长的思想和贸易交流，都促使农耕技术不断进步。大多数技术突破来源于针对特定作物的细微调整和改变，如确定播种的时间或者选择更好的品种。但总体来说，生产力的提高还是依赖于各种环境下全面的技术创新。实行刀耕火种的农业生产者用火焚烧森林，清理出空地，并在森林燃烧留下的灰烬上种植作物。几年以后，当土壤的营养物质耗尽，他们又会迁往别处。在山区，农耕者们学会了如何开发坡地，他们会建造形似台阶的梯田。

农副产品革命

其中一项最重要的技术创新对非洲—亚欧大陆世界区域产生了深远的影响。考古学家安德鲁·谢拉特（Andrew Sherratt）将这些变化称为“农副产品革命”。从大约公元前4000年开始，一系列的技术创新使非洲—亚欧大陆区域的农耕者得以更有效地利用大型牲畜的农副产品——那些无需屠宰牲畜就可以加以利用的产品。农副产品包括纤维、

▣ 农副产品革命

正如下面来自牛津大学网站的引文所述，“农副产品革命”是一种仍需6 000多年前的远古文物不断测试的理论。

牛津大学考古学系教授、阿什莫林博物馆欧洲史前文物部主任安德鲁·谢拉特参加了第一个计划。正是他首先提出，除了肉食，人类可能并未利用第一批驯化动物的农副产品（如奶、羊毛、鬃毛和牵引动力），而是直到公元前4000年左右，挤奶和其他动物农副产品的开发才成为史前农业生产的一部分。这种社会经济转型有助于推动社会发生革命性变化，如游牧部落的诞生，地中海农耕经济的产生，以及复杂的国家层面的社会的出现等。

牛津大学黎凡特考古实验室向研究机构提供了出土于以色列内格夫沙漠、公元前4500—前4000年的陶制器皿碎片，检测其中是否含有奶液残留，用以测试谢拉特提出的“农副产品革命”假说。这些样品如今正在理查德·埃弗谢德（Richard Evershed）教授位于布里斯托大学的生化研究中心接受检测。

来源：牛津大学希伯来及犹太研究中心。（2004）。2007年5月18日检索。
来自：http：//www.ochjs.ac.uk/Levantine.html

奶、用作肥料的牲畜粪便以及用于耕田犁地、运输人员和物资的牵引动力等。在干旱贫瘠的地区，如亚欧大陆的无树草原、亚洲西南部的沙漠、东非大草原等，农副产品革命创造出一种全新的生活方式——畜牧业，这是一种所有部落成员都依靠他们饲养的牲畜生活的模式。和农耕时代典型的种植部落不同，畜牧生产者通常是游牧式的，因为在畜牧业兴盛起来的干旱草原，牲畜须在各处草场时时迁移，以确保它们有足够的草料。

尽管如此，农副产品革命的主要影响还是集中在种植区，在那里，马、骆驼和牛已经开始用于耕种土地以及运输人员和物资。羊驼的驯化，意味着南美洲也曾有过农副产品革命的经历，但其主要的影响还是局限于非洲—亚欧大陆地区，因为美洲大多数有可能被驯化的动物都在采集狩猎时代消失殆尽。非洲—亚欧大陆历史和美洲历史之间的许多重要的差异，可能最终会归结于这个关键技术的不同。

只需要灌溉

被统称为“灌溉”的水利管理技术，对农业生产力的影响更大。懂得灌溉的农民将小股水流导引到自家田地；还会用泥土或废渣填充沼泽，铺垫新的土地；他们还修建运河网络和堤坝，服务于整个地区。在非洲—亚欧大陆、南北美洲甚至巴布亚新几内亚等太平洋各岛屿，人们都已开始某种形式的灌溉。灌溉技术影响最大的地区当属土壤肥沃但气候干旱的地区，如分布在埃及、美索不达米亚、南亚次大陆北部和中国华北地区等地的冲积平原，以及南美安第斯山脉的低洼地带。在上述地区，灌溉型农业十分高产，随之带来了迅猛的人口增长。

随着农业生产力越来越高，传播范围越来越广，它已经能够支撑规模更大、人口更稠密、相互联系更紧密的社群。在这些社群中，由于人口压力和信息交流日益频繁，持续稳定的创新活动在许多领域不断涌现：包括建筑、战争武器、信息记载、交通、商业、科学和艺术等。反过来，这些创新活动又刺激了人口的进一步增长，这就可以解释为何农耕时代的变革比采集狩猎时代更加迅速。尽管如此，创新活动仍然很难跟上人口增长的步伐。这种滞后可以解释为何从年代甚至世纪的宏观层面来看，所有的农耕社会都无法逃脱先扩张后消亡的历史怪圈，这种循环在一定程度上掩盖了人类社会发展向前的大体趋势。此外，这种循环也造就了更加显而易见的历史发展模式：政治的起伏、商业的成败、文化的兴衰等。这些都曾是让历史学家们十分着迷的话题。

这种兴衰交替的模式被称为"马尔萨斯周期律"，这是以19世纪英国经济学家托马斯·马尔萨斯（Thomas Robert Malthus）的名字命名的，他坚称人口会比食物供给增长得更快，从而引发饥荒和突然的经济衰退。

流行性疾病

由于流行性疾病和低下的生产力水平，人口增速可能减缓。采集狩猎部落基本上没有流行性疾病，因为他们规模小且流动性强，而农耕社会却为病原体（致病媒介）创造了更为适宜的环境。与牲畜的密切接触使病原体有机会从动物转移到人体；垃圾的不断积累为疾病的滋生和害虫的繁殖提供了温床；而人口众多的社群则为流行性疾病的传播和蔓延准备了大量潜在的受害者。于是，由于人口增长

在佛兰德斯的图尔奈，人们正在埋葬感染黑死病的死者。农耕社会为病菌（致病媒介和病原体）创造了更为适宜的环境。据估计，瘟疫爆发期间的中世纪欧洲，约有30%-60%的人死于黑死病。

和部落间交流急剧增加，疾病在地区间的传播越发畅通无阻。就像人类搭上了驯化动物这辆快车，各种疾病也开始搭上人类这辆快车。疾病的影响，通常是从灾难性的流行性疾病爆发开始，随后经历一系列病理弱化的过程，最终在多地民众的免疫系统适应了新型疾病后，以灾难性爆发的日趋减少结束。

正如历史学家威廉·麦克尼尔指出的那样，非洲—亚欧大陆世界区域内广泛的流行病交换，使这一地区的人口形成了足以应对大量疾病的免疫力，而其他世界区域的人口在这些疾病面前仍十分脆弱。跨越亚欧的疾病交流可能有助于解释为何在公元元年后的第一个一千年里，人口增长缓慢——因为这些流行性疾病曾多次爆发。它也可以解释为何在1492年世界重新联合以后，疾病交流的灾难性后果主要出现在非洲—亚欧大陆以外的地区。毕竟，非洲—亚欧大陆地区的人们已经获取了足够的免疫力，能够抵御比其他世界区域的人们多得多的疾病。

权力等级

在许多热带地区，人们可以根据生活需要逐步收获根茎类作物。然而在谷物种植区，如亚洲西南部、中美洲以及中国，作物成熟几乎都在同一时间；这样，所有的庄稼都必须在很短的时间内收获并储存。正是出于这个原因，谷物种植使得人们能够积累和储存大量剩余的粮食，这在人类历史上是第一次。随着种植谷物的农民人口翻倍和生产力的不断提高，储存的剩余粮食越来越多。为了控制不断增加的宝贵粮食库存，冲突时有发生，这就导致了新形式的社会不公，形成了新的权力体系。

储存粮食的增加使人类社会第一次有能力养活大量的非农业生产者，他们都拥有专业技能，如牧师、陶工、建筑工人、军人或艺术家。这些人都不直接从事农业生产，而是用他们各自的产品或服务换取食物和其他生活所需。随着农业生产者和非农业生产者开始交换物资与服务，人类历史上第一次出现了劳动分工。伴随着劳动专业化程度的提高，家庭与家庭、社会群落与社会群落之间的相互依存越来越密切，联系个人与社会间的职责和依赖关系的网络也越发紧密。

最终，剩余粮食逐步增长到足以支撑各种精英团体的程度。这些精英团体要么通过交换物资和服务，要么通过武力威胁，实现了操控和管理他人生产的物资。农民开发自然环境，一些团体专门剥削农民，而这些团体又受上层集团剥削，如此这般，人类社会开始出现等级结构。威廉·麦克尼尔将这些精英团体称之为“宏观寄生虫”（macroparasites），而人类学家埃里克·沃尔夫称其为“纳贡者”（tribute takers）。

与非农耕民族的关系

最后，农耕时代的另一个显著的特点即是农耕社群和其他类型社群之间的复杂关系。在整个农耕时代，居住在主要农业区之外的放牧者和采集狩猎者仍持续地对农耕社群施

思想实验

职业测试有助于将多种职业可能压缩至契合个人特点和兴趣的少数几个特定领域。这种测试对学生非常有价值，且十分有助于长远目标的实现。想想如果每个人都干同样的工作，现代社会该如何运作？然后想想这唯一的工作最有可能是哪种职业？（去问问农民！）

加影响：他们在农耕区之间运输物资；向农耕区引介新技术（例如与畜牧业有关的相应技术——从改进后的马鞍到更加先进的武器）；进行商品贸易（如皮毛、象牙或羽毛）。

城市出现之前的农业社会

公元前8000—前3000年

早期农业社会是指农耕部落业已存在，但尚未出现大型城市和国家的时期。在非洲—亚欧大陆地区，这一时期从约公元前8000年一直延续至约公元前3000年，也就是第一批城市出现的时期；在美洲，这一时期开始时间稍晚，但持续时间更长；在大洋洲和太平洋岛屿地区，这一时期一直延续到现代。

村庄组成的世界

在早期农耕时代，村庄是地球上最大、最常见的社会组织模式，也是人口活力和技术创新能力最重要的源泉。在今天的世界，无论从人口、技术、文化还是政治方面来看，村庄已经被边缘化，而我们大多数人也都忘记了千百年来村庄在人类历史中扮演的关键角色。在早期农耕时代，大多数村庄都在进行人类学家称之为“园艺种植”的农业活动。这些活动主要依赖人力（如果对比现代社会，主要是女性人力），而他们的主要劳作工具则是各种各样用于挖掘的木棍。当然，这些村落也进行了不少先锋性的创新活动，如改进灌溉和修筑梯田，最终使人口更多的农耕社群得以出现。于是，村庄便成为千百年来农耕社会人口和地域扩张的主要原因。

等级制度的出现

在早期农耕时代的村庄里，由于稠密的人口居住在相对狭小的空间，人们开始遇到新的问题。随着部落规模的扩大，人们必须找到定义自己与邻里关系的新方法、新途径——确定谁有资格管理库存资源、谁掌控司法、谁组织战事、谁管控贸易和宗教信仰等。随着专业化的范围扩大，农耕部落还必须找出一套调控人与人之间交流和冲突的办

▣ 梯田

在东南亚各国（如菲律宾和印度尼西亚），山间蜿蜒盘旋的梯田是令人叹为观止的奇观异景，也是游客必到的景点，其中一些梯田已耕种了2 000多年。以下描述菲律宾北部伊富高（Ifugao）部落的选文显示，修筑梯田可能比远远看上去复杂得多。

“**开荒地**”（Habal，坡地、甘薯地、烧荒开垦地）。在坡地上开垦，通常沿等高线修筑（尤其适合种植甘薯）。其他旱地高山作物（包括芋头、山药、树薯、玉米、小米、绿豆、木豆等，但是不包括海拔600—700米以下种植的水稻）也可以在坡地上合理地间作套种。通常在连续几年正常的耕作周期下，间作套种的作物彼此界线分明。

“**屋舍梯田**”（Lattan，定居点、村庄梯田、居住地）。水平梯田，土地表层光滑或有垫层，但并未耕作；主要用作房屋或谷仓的庭院，用于晾晒谷物等。各自分散独立，筑有篱笆、围墙等，各有其主。

“**排干田**”（Qilid，排干梯田、垄田）。水平梯田，土地表面平整，表层经过耕作或挖有沟渠（通常沿等高线修筑），便于种植旱地作物，如甘薯和豆类。排干田虽属私人所有，但这种暂时的排干状态只会延续很短几年，便会回到更加持久稳定的梯田使用状态。

“**池塘田**”（Payo，筑堤梯田、稻米梯田）。农田平整，筑有堤坝，以保持土地有浅水淹没，为湿地作物（如稻米、芋头和其他作物）的种植创造条件。这种田地属私有财产，田地间有石制标记，是价值最高的土地形式。

来源：康克林·H·C（1967-68）。伊富高民族研究面面观。
New York Academy of Sciences, Transactions, ser. 2, 30, 107-108。

法，因为此时人们的利益和需求已经逐渐多样化。小型采集狩猎部落原本只需基于血缘的家族式规则便已足够，现在却必须用更加复杂的规则加以补充，用来规范人与人之间的行为，因为此时人们之间的接触越来越短促，且呈现出匿名化、非个性化的特点。此外涉及整个部落的大型计划，如修建寺庙、挖掘运河、准备战事等，也需要有新型的领导团体。

考古学证据显示，所有这些由人口规模扩大、人口密度增加导致的社会压力最终造就了制度化的政治、经济等级。在这种制度下，富有的统治者、牧师和商人位于社会顶层，而贫穷的奴隶、流浪者则处在底层。考古学家怀疑，但凡同一社群中墓穴或住所大小不一时，就意味着等级制度已经出现。当发现夭折儿童的墓穴格外奢华时，我们便几乎可以确认新兴的等级制度是可以继承的，父母可以将地位传给自己的儿女。当纪念性建筑出现时，如太平洋复活节岛上的雕像或是巨石组成的圆圈（像英国的巨石阵），我们便可以确信，此时的社群首领已经有足够权力可以组织并协调成百上千的劳动力。

早期妇女地位的限制

性别等级可能是最早的制度化等级之一。当家庭成员和外部成员建立起更加复杂的人际关系时，他们势必会受到新规则、新系统的影响，并拥有新的期望。日益加深的劳动分工也在家庭和村庄以外创造了新的机会。然而，在一个每户家庭的经济社会地位完全依赖尽可能多生养子女的世界，女性通常没有多少机会承担更加专业化的角色——而这些角色往往会带来巨大的权力和财富。语言学家、考

美索不达米亚的一个楔形文字泥板，上面记录了大麦和麦芽交易的信息。两河流域的楔形文字最早可以追溯到约公元前3000年，最初就是为了记账之用。

巴比伦世界地图是已知最早的世界地图，它反映了文明诞生时，人们对当时世界的认识。地图刻在一块楔形文字泥板上，分为上下两部分。上半部的楔形文字，讲述了巴比伦帝国“荒废的城市”。位于下部的最显眼的圆点，代表着当时世界的中心——巴比伦城，幼发拉底河从城市中间穿过，城市四周环绕着“盐海”，更远处呈辐射状的三角形图案，则代表了“遥远的未知之地”。

古学家伊丽莎白·巴伯（Elizabeth Barber）曾指出，上述事实可以用来解释为什么男性更容易在刚刚出现的等级制度中占据高位。战事可能也改变了性别关系：随着人口增长，部落间竞争加剧，男性开始垄断暴力组织。

无论出于何种原因，男性在村庄以外权力构建中的压倒性优势重塑了村庄和家庭内部的关系和观念。基于其在家庭外部逐步显现的权力构建中的地位，男性开始出现天生的优越感，而女性则越发受到她们在家庭中扮演的角色及其与男性关系的束缚。即便能在家庭以外赚钱养家的女性，也仍然在家务活动中受到上述关系的制约。在家庭内部，农业社会的生活方式和需求确保了男性、女性需要继续协同合作。家庭内部这种亲密关系的构建主要依靠个人素质和性别差异。尽管如此，在家庭之外，一种由文化期望和权力关系交错而成的强大网络还是出现了，我们称其为“父权制度”。

领导者和领导力

随着本地社群被纳入更加广泛的交流网络，权力等级也塑造了其他关系。在这些更加宽广的交流网络中，传统的亲缘关系思维不再奏效。家族宗谱也开始穿上了半虚构

思想实验

设想如果今天你的学校因火山爆发被掩埋，而在距今1 000年后又被人挖出，考古学家可以根据哪些线索判断出谁是学校的领导？倘若对未来的调查者来说，房间的大小可以说明问题的话，那么体育教师（在体育馆中引导活动）就应该是最有权威的人；倘若书籍的数量说明问题，那么学校的图书管理员就应该手握权力了；倘若未来的考古学家们知道支票和信用卡是什么模样，他们也许就会关注财务办公室了。

式的外衣，整个社群都声称他们源自共同的、通常带有神秘色彩的祖先。这种家族宗谱观念催生出新型的等级制度，即通过判定与创始人血缘关系的亲疏远近来为后代划分等级。血缘亲近的后代往往拥有更高的社会地位，此时，贵族便开始出现了。尽管如此，当民众选择领导者时，能力和出身都有同等的分量。当出身高贵的人缺乏领导才干时，那些拥有更多才能，以神灵的抚慰者、捍卫者和调停者身份出现的人，便常常被人们选作领导者，去辅佐或替换那些出身高贵的无能者。最简单的领导方式源于社群的需求，因此领导者主要需要依赖民众的首肯。这种首肯使早期的权力结构十分脆弱，因为一旦领导者未能完成民众期冀的任务，他们的权力便会迅速蒸发。

尽管如此，随着社群扩大，领导者手中的资源越来越多，他们开始匀出其中一部分，专门用于供养职业执法人员或早期军队。通过这种方式，领导者至少可以胁迫由其统治的部分民众，帮助其用武力威胁控制劳动力，并聚合更多的资源。尽管考古学证据和人类学研究可以为我们提供许多特定社群此类过程逐步清晰显现的暗示，但是我们基本上已无法得知这些过程的细节。这些过程为更加强大的政治组织（我们称之为“国家”）的形成铺平了道路。国家的出现和大型、定居式社会群落（我们称之为“城市”）的产生基本是同步的。

最早的城市和国家

公元前3000—前500年

对于那些将历史定义为“通过书面记载研究过去”的人们来说，公元前3000年到前500年才是人类历史真正开始的时期，因为在这一时期，书面记载的资料在两大世界区域（非洲—亚欧大陆和美洲）出现了。在此之前，我们谈论的所有一切都只能归结于“史前”。从世界史角度来看，这一时期标志着人类社会在规模和复杂性上都迈上了一个新的台阶。在世界区域中面积最大、人口最多的非洲—亚欧大陆区域，第一批城市和国家出现在公元前3000年左右。在美洲，第一批城市和国家出现在中美洲和秘鲁，但时间比非洲—亚欧大陆区域晚了2 000多年。在大洋洲，城市和国家在整个农耕时代都没有出现；但在太平洋地区，在距今1 000年左右，国家的萌芽在一些海岛（如汤加和夏威夷）出现了。

如果要找出第一批城市和国家出现的首要原因，那一定是不断增加的人口密度。最早一批城市和国家正是出现在人口密集的区域，人口的急剧增长往往是由灌溉农业的迅速扩张带来的。人口密度的突然增长加剧了大型社群带来的协调和管控问题，使专门领导者的需求大大上升。人口的快速增长也使领导者拥有的资源成倍增加。这解释了为何最早的城市和最早的国家几乎是在同一时间出现的。城市可以定义为“内部有复杂劳动分工的大型社区”。（与此不同，村庄甚至一些早期的城镇，一般都只是由从事农业生产的类似家庭组成，其内部财富等级有限，也没有严格的劳动分工。）国家可以定义为一方面依赖制度化、系统化的武力强制，另一方面依赖民众许可的权力组织。

城市和国家只是一系列社会创新变革的一部分，这些变革都发生在农业生产高度发达的地区，与人类社会不断扩大的规模和日趋复杂的结构密不可分。这些创新变革包括组织专业化团体（如官员、士兵、作家），强制征税，建造标志性建筑等。

非洲—亚欧大陆和美洲

由于农业的发展进步和城市国家的出现密不可分，当我们发现城市和国家出现的最早证据均源于农业传统发达的地区时，就应当没有丝毫惊奇。考古学证据显示，最早的大到足以称之为“城市”、强到足以称之为“国家”的社群均来自于连接非洲和亚欧大陆的尼罗河谷至美索不达米亚的走廊地带。早在公元前3000年之前的几个世纪，世界上最早的一些国家就出现在位于美索不达米亚南部、考古学家称之为“苏美尔”的地区，以及尼罗河沿岸（即今天的埃及和苏丹一带）。考古证据显示，在接下来的1 000年里，

在电子时代记录新石器时代定居点

自1993年起，一个由考古学家组成的国际小组一直在位于今天土耳其境内的恰塔霍裕克（Catalhoyuk）古城进行挖掘工作，这实际是重启了早在20世纪60年代就在此地开始的考古挖掘。为了同步直播在恰塔霍裕克挖掘现场出土的9 000多年前的历史文物，团队成员丽贝卡·戴利（Rebecca Daly）在他们的网站上进行博客连载，以下是她在2004年7月28日更新的博客内容。

贝里达今天开始挖掘羊羔的墓穴，这让我俩十分激动，因为我们都怀疑里面肯定有些意想不到的东西。现在出土的物品越来越多，人类遗骸实验室正开足马力，努力完成交办的每一件事情。正当他们迎头赶上时，更多的东西出现了！我们确认，贝里达现在发现了一件有趣的类似鸟骨一样的东西，他和来自人类遗骸实验室的洛丽都觉得这是一支笛子。这件东西的确就是笛子的造型，而且它的两端都被削掉，这暗示人们可能会利用中空的内部做某种事情。我的期望值很高，贝里达看来真能找到有趣的物件。如果这件东西真是笛子之类的东西，那就太棒了，因为这可能是人类发现的最早的乐器。整个墓穴底部和上层均撒满赭石，暗示着这是下葬过程中十分重要的一个环节。用整只羊羔做陪葬品，自然意味着这是具有重要意义的一座墓葬，而且证据显示这座墓葬的主人下葬时还遵循严格的流程顺序，这使我们的推断更加可信。

来源：《恰塔霍裕克未解之谜》（2004）。2007年4月8日。
来自：http://www.catalhoyuk.com/history.html

乌尔帝国建基于两河流域南部地区，那里是世界上最早的文明国家的发源地。乌尔城是乌尔帝国的都城，“乌尔的旗帜”出土于乌尔城的皇室墓穴，四周用马赛克精心镶嵌而成，分为“战争”与“和平”两个场景。图中显示的是“和平”场景。

小贴士

贸易模式，古代美洲

贸易模式，古代欧洲

贸易模式，古代中美洲

城市和国家又陆续出现在今天的巴基斯坦至印度河谷一带和中国北方地区。

在美洲，我们也可以追踪到类似的从村庄发展到城市、国家的模式，但能证明这两种变化的证据出现得更晚。尽管早在公元前2000年，大型部落和强力领导者就已经出现在中美洲的奥尔梅克地区（Olmecs，墨西哥南部的海湾地区），但考古学家们仍旧相信，美洲第一批真正意义上的城市和国家出现在公元前1000年左右的瓦哈卡河谷（Oaxaca Valley）以及更南部的玛雅文明的核心腹地。在安第斯地区也是如此，国家大小的社群，如莫契文化（The Moche Culture），出现在公元前1000年末期。

农耕文明

随着人口增长以及物质、文化交流将更多的地区连接起来，早期国家形态开始从上述核心区域向周围地区扩展，使财富和权力更加集中。随着国家模式的不断扩张，一些与其紧密相关的制度和实践也逐步固定下来，我们称之为“农耕文明”。无论直接还是间接，农耕文明的扩张都反映了不断增长的人口密度和规模。城市不过是人类社群中规模最大、人口密度最高的罢了。而国家则是大型、强制性的权力组织，是管理并护卫城市规模的社区所必需的。当然，国家也依赖城市和内陆地区聚集的大量财富为其提供经济上的支持。

使用武力募集财富的方式最初就是赤裸裸的掠夺，后来这种掠夺变得更加制度化，我们称之为“征税”。管理大量财富需要新型的政权模式和财务制度。事实上，在所有新兴国家，文字最早都是作为一种记载追踪财富去向的技术出现的。甚至在没有出现完整书写系统的印加古国，统治者们也发明了一种类似结绳记事的系统进行财务管理。

护卫大量高度集中的财富并维持城市间及城邦（自治城邦包含城市及其附属领地）间秩序需要军队的参与。在苏美尔及其他地区，入侵的军队可能建立了第一批国家，且毋庸置疑的是，这些国家都热衷于参与战争。同样，早期国家的统治者们也会参与那些有助于维持其统治权力的仪式性活动。他们会组织奢华展览以炫耀财富，这其中常常包含用活人献祭；他们会建造宫殿、寺庙和祭奠死者的纪念塔，如金字塔或庙塔（一种类似金字塔的寺庙建筑，尖顶，外部有楼梯，顶层设有神坛）。这些设计复杂的建筑旨在提升当地统治者、他们治下的城市以及他们膜拜的神灵的威望。

帝制国家

随着时间推移，由于城邦之间贸易往来日益紧密并逐渐融合，国家规模不断扩大。最终在独裁者掌控的众多城镇区域内形成了帝国体制。阿卡德王国的萨尔贡（Sargon of Akkad，统治期约为公元前2334—前2279年）在美索不达米亚的苏美尔地区北部建立了可能是全球第一个的帝制国家。到公元前2000年中期，商朝（约公元前1766—前1045年）已经在中国北方创建了帝国。这类国家变得越来越常见。随着规模的扩大，他们通过地方统治者直接或间接地扩大了征税和管辖的区域。交通与通信条件的改善，譬如，公元前2000年非洲—亚欧大陆出现的轮式车辆，延伸了城邦及其官员和军队所能到达的范围。

然而，帝国的影响力远远超越了其势力范围，因为商人将各国连为一体，构建了商业往来和文化交流的庞大网络。事实上，有专家说早在公元前2000年，连接中国和地中海的丝绸之路沿线贸易已经创造了泛亚欧的单一贸易体系。

尽管这些规模庞大、影响深远的社群令人印象深刻，人们也应当牢记他们权势的局限性。只要公民足额缴税并在需要时承担徭役，就没有多少农业国家真正关心民众生活。主要城市以外的法律与秩序常常交由地方统治者或贵族来维持。广袤的疆土仍在帝国统治者的直接掌控之外。学者莱茵·塔格培拉（Rein Taagepera）估算公元前1000年早期，国家控制的领域不超过当今各国领土面积的2%。在此弹丸之地以外，是世界大多数人口居住之地，还有采集狩猎者、自耕农和牧民等更分散的小型社群。

思想实验

在21世纪，肆无忌惮的炫富——豪宅、奇珍异宝，诸如此类——仍然是展示巨大财富的一种方式。你认为一百年后会怎样展示财富？炫耀财富会不会招致不满？或许我们应当通过赠送物品的方式来展示财富，正如美洲原住民的赠礼仪式那样。毕竟，比尔·盖茨正忙着赠送他们数十亿美元的财产呢。（哇，真不少！）

汉谟拉比法典石碑，建造于公元前1754年左右，现存于法国卢浮宫。汉谟拉比是巴比伦的第六位国王，统治着两河流域的大部分地区。该法典向人们揭示了早期人类帝国的法制规范与秩序。正文包括282条法律，详细规定了帝国的刑事、民事、贸易、审判等领域的制度。

两尊阿布广场寺（Square Temple of Abu）的信徒雕像，制作于约公元前2700年。广场寺位于苏美尔的埃什南纳，这是美索不达米亚的一座城邦，也是世界上最为古老的城市之一。雕塑展现了人类历史上第一批城市居民的风貌，贝壳贴的大眼睛尤其引人注目。

虽然农耕文明常常将这些外邦群体视为野蛮人，但他们在提供创新源泉和联系农耕文明方面发挥了举足轻重的作用。比如，亚欧大陆的草原牧民传播了宗教理念和冶金文化，在中国、印度与地中海国家之间运输了货物。他们可能首创了农耕文明中的某些军事和交通技术，例如轮式战车。这段时期最具有创新意义的航海技术出现在西太平洋地区，那里的拉皮塔民族利用巨大的双重壳体独木舟，于公元前3000年至公元前1000年间来到新几内亚至斐济、汤加的大片区域内定居。

城邦在数量、规模及势力上的长期增长，不仅反映了治国之道和战争方面的创新，也反映了整个农耕时代持续的人口增长。我们的统计数据含糊不清，精准性欠佳，但至少从长远来看，农耕地区的人口增长比其他地方更快。当然，这些地区的人口增长速度并没有农耕时代早期快。

尤其在城市中，卫生条件恶劣，空气差，水质污浊，人口死亡率相当高。尽管城市有更好的机遇，但相对于乡村来说，更容易使人丧命。人口增长也因为周期性人口萎缩而减缓。疾病蔓延至缺乏免疫力的人口居住区是造成这种萎缩的部分原因，对土地资源的过度开发破坏了整个文明的生产基础也是原因之一。临近公元前3000年末期，美索不达米亚南部地区的人口骤降，很可能就是由于过度灌溉造成的，因为这会使土壤盐分过高，造成农作物产量减少。考古学家能通过大麦这种相比小麦抗盐性更强的谷物的日渐广泛的使用，来追溯公元前2000年晚期的土壤盐渍化过程。

农业、城市与帝国
公元前500—1000年

在公元前500年至1000年这一段时间里，多数始于公元前3000年之后的长期趋势都得以延续。随着世界各国人口增多（尽管这个时间段的中期进展缓慢），国家势力、规模和数量不断增长，交换网络的范围也日益扩大。随着农业发展，城市乃至国家出现在曾属于偏远地区的欧洲西北部、撒哈拉以南的非洲、南印度及中国南方。农耕文明逐渐侵入采集狩猎者、自耕农和牧民聚居区。南北美洲也经历了类似的进程，只不过时间上滞后了近2 000年。

非洲—亚欧大陆

创建于公元前6世纪的波斯（现称伊朗）阿契美尼德王朝，标志着国家势力的显著扩张。因为该王朝掌控的区域达到其过往朝代最大疆域面积的5倍。在此后的1 500年时间里，类似规模的帝国被称为标准的帝国，其中包括中国的汉朝（公元前202—220年），地中海的罗马帝国（公元前27—395年），以及印度的孔雀王朝（约公元前324—前188年）。阿拔斯王朝从749/750年开始统治波斯和美索不达米亚的大部分地区（最终在1258年崩溃），控制区域略大于阿契美尼德王朝的面积。帝国间的交往也非常频繁。居鲁士二世，阿契美尼德帝国的开创者，曾在公元前6世纪，侵略过现在中亚的局部地区。当中国的汉武帝400年后再次侵入相同地区时，地中海沿岸国家与东亚农耕文明之间的交流变得更加紧密，他们将整个亚欧大陆融合成世界上最大的贸易体系。

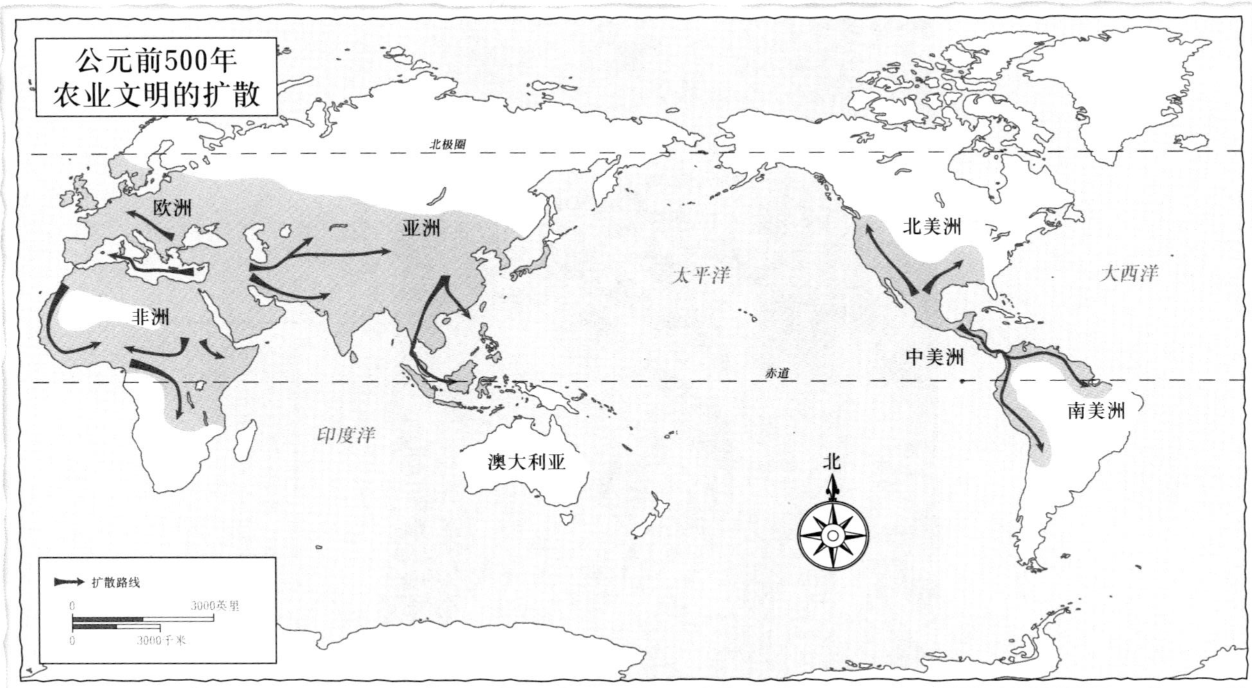
公元前500年
农业文明的扩散
北极圈
欧洲
亚洲
非洲
北美洲
中美洲
南美洲
澳大利亚
太平洋
大西洋
印度洋
赤道
北
扩散路线
0
3000英里
0
3000千米

“罗马军团跨过舟桥”，图像来自图拉真的纪功柱。图拉真柱为罗马帝国皇帝图拉真所立，以纪念他胜利征服达西亚。公元2世纪，是罗马帝国历史上实行向外扩张政策的强盛时期。

小贴士

佛教

罗马天主教

基督教

儒家思想

印度教

伊斯兰教

犹太教

摩尼教

拜火教

不断延伸的政治、商业和知识交流网络可以诠释这一时代另一重大发展：遍布全球各地的宗教传统的涌现，成为最初的世界宗教。早期的宗教传统通常要求特定社会或地区群体的效忠，而世界宗教宣称表达普遍真理并代表全能神灵，这反映了帝国规模的不断扩大以及调和广大区域内不同民族信仰的需求。

第一个世界宗教很可能是拜火教，其创始人可能来自公元前6世纪的中亚，大致是居鲁士二世创建阿契美尼德帝国的时期。而在印度经历了快速城镇化和疆域扩张期之后不久，佛教诞生于印度北部。佛教在公元1000年初期出现重要发展，这段时期它开始传播到中亚、中国及东南亚。基督教的影响力在罗马帝国时期扩大，直至公元4世纪，在君士坦丁大帝统治下成为官方宗教。

佛教和基督教都成功传播到中亚并最终传入中国，但只有佛教对中华文明产生了重大影响。创始于公元7世纪亚洲西南部的伊斯兰教取得了更大的成功。它传播到北非、中亚、南亚和东南亚地区，最初的传播者是征战的军队，随后又被穆斯林传教士和名为“苏菲派”的信徒传播至其他地方。

带来第一批世界宗教的社会力量同样也激励了哲学和科学雏形的诞生，这是人们对现实进行总结概括的早期尝试。尽管通常与古希腊时期的哲学和科学传统密切相关，这些理念也能在美索不达米亚地区的天文和数学传统以及印度北部和中国的哲学传统中得到体现。

美洲

在南北美洲，政治体制也在规模、军事实力、文化和商业范围等方面获得纵深发展。在公元后第一个千年里，复杂的城邦体制与初创的帝国出现在中美洲。处于鼎盛时期的墨西哥特奥蒂瓦坎城（Teotihuacan），拥有逾10万人口，控制着跨越中美洲大部分地区的贸易网络。但我们不确定该城市是否直接控制其他城市乃至国家。再向南，玛雅文明由大量的区域国家构成，其中一些国家至少短时间控制过他们的邻国。然而在公元500年至1000年期间，这两种强大的体系均走向崩溃。正如公元前2000年至公元前1000年初期的美索不达米亚平原南部地区，这种的体系崩溃可能归咎于土地资源的过度开发。

思想实验

基督教、佛教和伊斯兰教是世界上最重要的三大宗教。但迄今为止，美国一直盛行基督教。你在自己的社区见到过更多的佛教和伊斯兰教信徒吗？如果没有，请在线搜索词组“佛教寺庙”或“清真寺”，并添加你所居住的城镇或城市名，你可能会对搜索结果大吃一惊。众多族群已经设法进入了美国主流社会，但这些群体中的大多数人信奉起源于犹太—基督教的神学教义和传统。对于其他宗教，如佛教和伊斯兰教来说，要被21世纪的美国主流社会所接受，是否还需要更多时间？

小贴士

安第斯国家

亚述帝国

拜占庭帝国

中国

中美洲

密西西比文化

波斯帝国

罗马帝国

草原联盟

突厥帝国

但是，就如同苏美尔的政治传统最终被巴比伦和亚述采纳一样，中美洲的特奥蒂瓦坎城和玛雅人的政治传统为农耕时代下一时期更强大的帝国奠定了文化基础。在安第斯山脉地区，城市和国家也开始出现。第一个可能是秘鲁北部的莫切王国，它在公元第一个千年期间兴盛了近800年。与特奥蒂瓦坎城一样，莫希王国也影响了一大片区域，尽管我们无法确定该国对其他城市和国家具有多大的直接政治影响力。公元500年至1000年间，类似的国家实体也出现在更加偏南，即当今秘鲁和玻利维亚交界处的的喀喀湖附近的陆地区域。

其他地区的扩张

在农耕文明以外的地带，人口增长也产生了新的阶层结构。在亚欧大陆人烟稀少的草原地带，游牧部落开始组成大型的移动联盟，劫掠邻近的农业地区并征税。在中亚蒙古地区，匈奴人于公元前2世纪创立了一个大帝国。公元

6世纪，突厥强国出现，鼎盛时期的突厥国疆域从蒙古地区延伸至黑海。在太平洋沿线，来自斐济附近的岛屿移民开始定居在波利尼西亚群岛，零散地分布于太平洋中东部区域。夏威夷岛与遥远的复活节岛直到公元600年才有人移居，而新西兰更是在公元1000年后的某段时间才有人居住，大概是波利尼西亚群岛中最后一块定居地。波利尼西亚群岛上居住着农耕民族，包括汤加和夏威夷在内的部分区域，人口增长为权力阶层的诞生创造了先决条件。

最后，连农业文明很少影响到的地区也发生了巨大变化。在北美洲，随着玉米栽培技术缓慢向北推广，大量的农业或半农业社会群落开始形成，比如著名的“阿纳萨齐人”（Anasazi）或者“古普韦布洛人”(Ancient Pueblo People，分布于科罗拉多高原，即今亚利桑那州、新墨西哥州、科罗拉多州和犹他州的交汇处）。在北美洲东部地区，农耕社群出现在诸如俄亥俄河谷这类区域，人们在这里栽培向日葵等本地植物。甚至连澳大利亚的采集狩猎部落也强化生产，开始在人口稠密地区定居，尤其是在海岸线上。

现代革命前夕的农业社会 1000—1750

农耕时代的最后一个阶段，即从1000年至1750年，前期的历史趋势得以延续，但是根本性的变化也暗示着现代化社会变革即将到来。

农耕文明传播到以往边缘化的区域，例如北美洲、非洲南部、中国西部地区。迁移的农民通常在都市商人和政府的积极支持下移居到新地域。尽管亚欧大部分地区14世纪遭遇黑死病（腺鼠疫），美洲16世纪遭遇欧洲带来的疾病

1655年，荷兰东印度公司在孟加拉建立的“工厂”。葡萄牙、西班牙以及接踵而至的荷兰和英国，占领了全球重要的贸易口岸。控制全球贸易网络为欧洲国家带来了巨大的商业财富，同时也带来了大量崭新的关于地理、自然世界以及其他社会习俗的信息。

（如天花），导致人口急剧下降，但世界人口总数仍维持增长态势。美洲地区16世纪的经济崩溃和人口骤降带来了灾难性后果，美洲原住民人口可能在哥伦布之后的16世纪下降了约50%—90%。但从长远来看，随着亚欧大陆移民者的到来、牲畜和作物新品种的引进以及后续耕地面积的扩充，人口数量得以弥补。在农业、武器、运输（尤其是海运）和工业领域，连续的稳定创新举措通过平稳地提升平均生产率和巩固国家政权，维系了经济增长态势。据经济学家安格斯·麦迪森（Angus Maddison）估算，世界国内生产总值（商品及服务总产值，GWP）从1000年的1 200亿美元左右（以1990年的国际货币测算）上升至1820年的近7 000亿美元。

全球网络的诞生

这一时期最为重要的变化就是世界主要地区在16世纪实现了统一。在此基础上，第一个全球交换网络诞生了。它将数千年来从未来往过的地区联系在一起，形成商业和知识协同，为现代世界的兴起发挥了至关重要的作用。

对于非洲—亚欧大陆来说，刚刚过去的一千年，最显著的特点就是日渐广泛而密切的国际交往。维京掠夺者和商人的足迹遍布中亚、地中海、西欧海岸沿线乃至遥远的冰岛和格陵兰岛。公元1000年，他们甚至在加拿大的纽芬兰岛建立了短期的殖民地。13世纪早期蒙古大规模的征战，缔造了从中国东北延伸到地中海的广袤区域内的相对和平。同时，在他们的保护下，丝绸之路的商队路线从13世纪晚期到14世纪早期获得蓬勃发展。海上航线同样活跃，从地中海经南亚和东南亚到中国进行货物互换，业已

小贴士

阿兹特克帝国
欧洲扩张
伊斯兰世界
蒙古帝国
奥斯曼帝国
中国海域贸易模式
印度洋贸易模式
地中海贸易模式
太平洋贸易模式
跨撒哈拉贸易模式
维京社会

成为常规路线。15世纪早期，明朝皇帝派遣庞大的中国船队，由回族将领郑和统率，连续几次航行至西方，其中部分航程到达亚洲西南部的阿拉伯半岛及非洲东部地区。

地处亚欧核心地带的波斯和中亚地区的控制权，在11世纪晚期先由阿拔斯王朝这一伊斯兰帝国掌握，随后被蒙古人据为己有，这促进了技术、商品以及宗教文化传统在亚欧大陆范围内的广泛交流。在美洲大陆，谈到第一批帝制国家的涌现，最成功、最著名的案例当数建立在墨西哥特诺奇蒂特兰（Tenochtitlan）基础上的阿兹特克帝国，以及建立在秘鲁库斯科城基础之上的印加帝国。它们是最初的美洲政体（政治组织），其职能是对大面积区域实施政治和军事管控。

然而，小型的高度商业化的西欧非帝制国家，最终通过建立全球海上运输网络将零碎的世界农耕地区连接起来。公元第一个千年内，第一批国家在西欧建立，因为这片区域已被并入罗马帝国的商业和文化圈。公元9世纪，查理曼大帝和他的继任者试图在西欧重建罗马帝国。他们的

一位不知名的葡萄牙绘图家绘制的1502年世界地图，展现了当时人们心目中世界的样子。图中欧洲和非洲的地理信息已经相当准确，而亚洲与美洲则非常简略。在大航海时代的葡萄牙，海图是紧俏商品，而且因为不断有新的地理发现，海图每隔几年就需要更新一次。地理大发现时代极大地拓展了欧洲人的空间视野，整个人类世界开始连为一个整体。

Oceanus orientalis:
Linha equinocialis:
Mare barbaricus:
Oceanus vndicus meridionalis:
Oceanus vndicus meridionalis:

失败尝试正好说明欧洲是一个中型国家竞争激烈的地区。由于这类国家相比大型帝国，如阿拔斯王朝或唐朝（618—907）而言，课税基础更加有限，他们必须寻找替代性收入来源（包括贸易收入）以便在恶性战争中生存，这已成为地区准则。

无怪乎掠夺成性、穷兵黩武的贸易国传统就此形成。欧洲国家因受阻于地中海东部，希望寻求新渠道争夺南亚和东亚的广大市场。其探索过程得到欧洲各国政府的强力支持，最终在此种鼓励下，由葡萄牙人带领欧洲商队驾驶小巧灵活且全副武装的舰船完成了环球航行。欧洲国家通过介入东南亚庞大贸易体系所侵占的利润，以及通过征服中南美洲的几大文明所获取的更加可观的收益，相比起初投入的金钱和资源而言，其回报则不知高出几许。

全球贸易网络的冲击

美洲和欧洲是最先在新全球贸易体系下经历深刻变革的地区。在亚欧大陆东部，欧洲国家的侵袭影响力有限，仅仅维持了一个世纪多一点。葡萄牙和西班牙军舰，以及一百年后接踵而至的荷兰和英国舰船，占领了重要的贸易

思想实验

虽然大规模流行病，如黑死病和天花，重创了当时的世界人口，但是我们正在经历人类历史上最严重的流行性疾病危机。这是由什么疾病造成的呢？你注意到它的存在了吗？仅在1981年至2001年期间，艾滋病（获得性免疫缺陷综合征）病毒的致死率已超越人类史上所有其他疾病。尽管世界各地都有经济、社会和医疗方案来治疗和控制艾滋病，但该流行病仍然远远没有结束。艾滋病在我们有生之年被攻克的概率有多大呢？

口岸，干预当地贸易，尤其是香料贸易，但他们对区域的主要政治体影响很小。在南北美洲，欧洲的新型武器、传统政治与经济结构的解体，外加也许是最重要的一环，即亚欧病原体诸如天花病毒的作用，击垮了阿兹特克帝国和印加帝国，让西班牙政府攫取了贸易货物和贵金属等意外横财，也为横跨大西洋的第一个帝国提供了资助。正如我们所见，欧洲疾病在美洲的毁灭性极强，因为大多数本地人对这些已经在非洲—亚欧大陆蔓延数百年的疾病缺乏免疫力。

控制全球贸易网络为欧洲国家带来了巨大的商业财富，同时也带来了大量崭新的关于地理、自然世界以及其他社会习俗的信息。这些让欧洲知识分子触手可及的新信息洪流，对于打破常规、催生质疑和创新性思维方式发挥了关键作用，这与所谓的科学革命紧密相关。欧洲思想家在受到新知识洪流的冲击后，脱离了旧观念的束缚，不得不对万事万物重新审视，并不断试验新的观念。

世界上没有哪个地区完全免受首个全球贸易体系的影响。南北美洲与非洲—亚欧大陆间的货物交换，刺激了后者整个地区的人口增长。随着玉米、木薯与马铃薯这类农作物传播到中国、欧洲与非洲，它们在这些地方要么增补了现有的作物种类，要么使得人们得以开垦不适宜其他作物生长的土地。美洲大量的白银资源极大地促进了国际贸易，尤其在16世纪70年代以后，因为中国政府逐渐要求以白银支付税款，这样，白银不断流入这个仍是全球最大的单一经济体。新型瘾品如烟草与古柯叶首次出现在非洲—亚欧消费市场，而像茶叶这类传统瘾品，流通范围则变得更加广泛，从而刺激了从伊斯坦布尔到墨西哥城的广大城市消费者的需求。

或许最重要的是，欧洲在全球贸易网络中的地位发生了转变。如果将世界划分为分散的区域，欧洲可能仅仅是非洲—亚欧大陆的一个边缘地带。亚欧贸易网络的中枢位于地处中东地区的波斯和美索不达米亚平原。在这个诞生于16世纪的全球一体化体系中，欧洲国家认为他们处于一个空前庞大且最具活力的贸易网络的中心。流动在这些网络上的巨大财富流和信息流将改写欧洲以及大西洋地区在世界史中的作用和意义，最终还将改变整个世界。

世界史中的农耕时代

农业技术的引进提高了生产力，增加了人口数量，并激发了创新。这些进步解释了为何农耕时代比采集狩猎时代的变化更加迅速。然而，更庞大、更密集的社群带来了新的问题，要通过形成庞大的、称之为“国家”“帝国”和“文明”的结构层次才能得到解决。随着家族和家庭成员发觉他们融入了国家、区域和市场，并受其中力量的制约，人类社群的性质在这些结构层次中发生了改变。更大区域和更多社群之间的技术交流和商品交换促进了农耕技术、通信技术、信息存储技术及战争武器方面的许多细微进展。尽管创新速度比采集狩猎时代快得多，但仍跟不上人口增长的步伐。这也正可以解释为何以更小的尺度来看，对大多数统治者及其臣民而言，农耕时代典型的变化节奏是循环性、周期性的。

近代世界建立在农耕时代的人口、资源与信息缓慢积累的基础上，但创新速度的大幅提升，为人类生活方式的另一种根本性变革创造了条件，因而具有划时代的意义。

罗马帝国灭亡后，君士坦丁堡一度成为地中海世界贸易网络的中心。它扼住亚非欧交通的咽喉要道，成为东西方贸易的中转站。拜占庭帝国衰落后，君士坦丁堡的中心地位逐渐衰落。到1500年地理大发现之后，全球贸易网络中心转移到了大西洋沿岸。

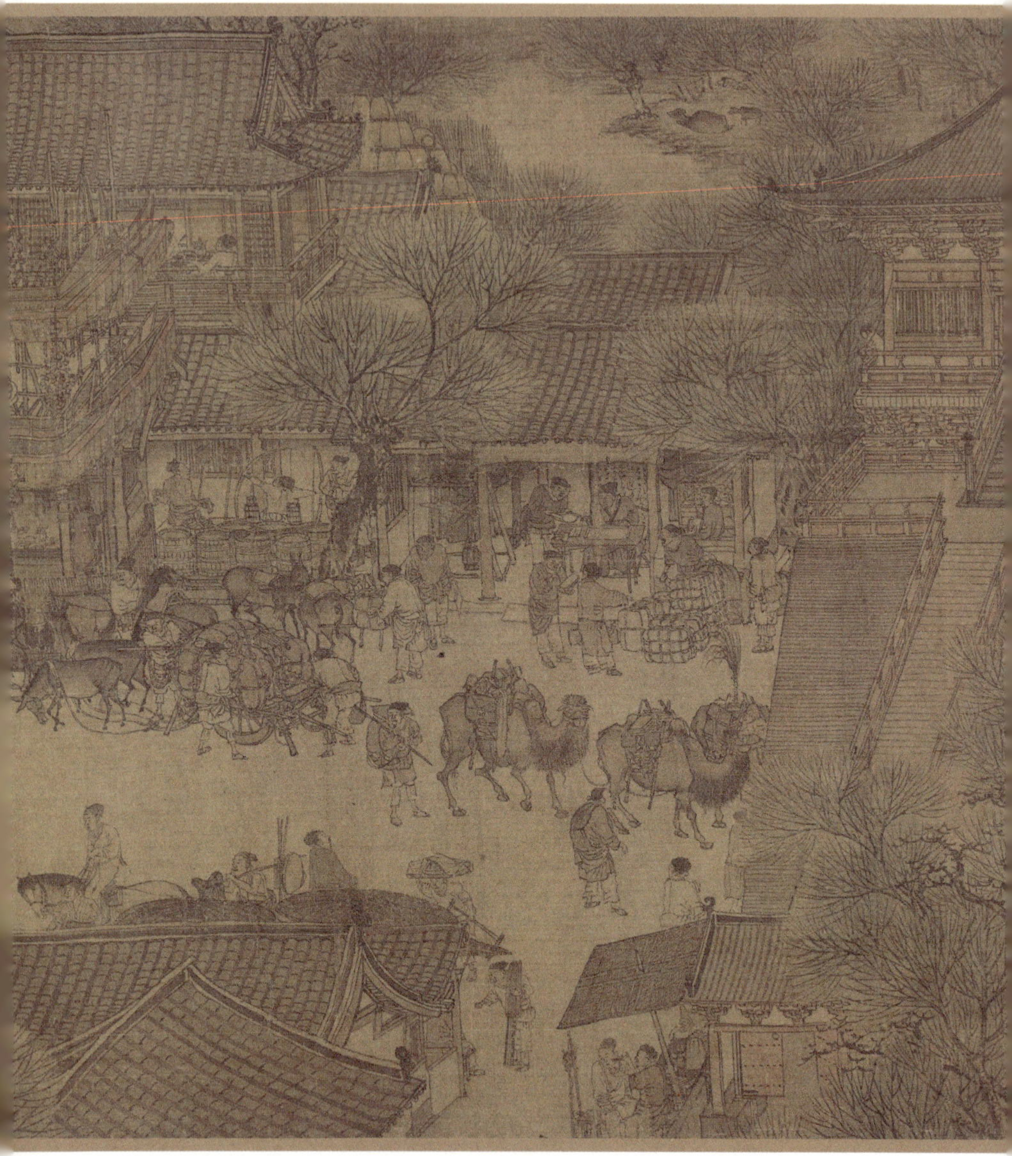

《清明上河图》呈现了公元10世纪北宋都城汴京的繁荣景象。北宋在当时世界贸易网络中也占据重要地位。由于丝绸之路被西夏阻断，北宋开始发展海上贸易。北宋的铜钱成为国际货币，丝绸、瓷器、茶叶等远销地中海世界。

4

我们的世界

近现代

在人类史的三个主要时代中，近现代是最短暂但也最为动荡不安的时代。采集狩猎时代的持续时间超过20万年，农耕时代持续了大约1万年，而近现代仅仅维持了250年。这个短暂时代的变革也比以往更为迅速和彻底。事实上，这一时期人口的快速增长，导致人类历史中人口总和的20%都生活在这两个半世纪。近现代在上述三个时代中的互联性最高。相比过往新观念和新科技需要数千年才能传遍全球，如今来自五大洲的人们能够轻松地交流，如同大家生活在一个地球村。历史已经成为名副其实的世界史。

现在我们假设近现代始于1750年左右。它深深扎根于农耕时代，然而我们有充分理由认为其起始时间为1500年，甚至更早。确定近现代的起止时间十分棘手，有些学者认为近现代结束于20世纪，我们现在生活在与“近现代”时期截然不同的“后现代”时期。近现代的许多特征延续至今，还会在将来一段时期继续存在。因此，将我们所处的时代视为近现代的一部分更加合理。这就意味着，我们无法知道近现代结束的确切时间，也无法如愿以偿地看清它的总体轮廓。

无法将近现代作为整体来对待，让我们难以明确其主要特征，也说明了我们刻意使用“近现代”这一模糊称谓是有道理的。目前人们划分近现代的要素（定义特征）似乎是创新速度的不断加快。新技术增强了人类对自然资源的掌控力，并且促进了人口的迅速增长。技术变革和人口变化反过来改变了生活方式、文化和宗教传统、医疗和人口老龄化模式，以及社会和政治关系。

近现代向世界历史学家提出了鲜明的挑战。我们距离近现代太近，无法清楚客观地加以审视；我们掌握的信息量太大，难以从细节中分辨出趋势；变化比以往更加频繁，且遍布全球各地。接下来，应该尝试在世界历史学家广泛认同的基础上形成连贯的概述。

近现代的主要特征和趋势

近现代历史上首次出现了大量统计数据，让人们第一次能够量化众多显著的变迁。

人口增长和生产力的提高

尽管在20世纪晚期，人口增长速度放缓，近现代仍是

思想实验

2001年9月11日的恐怖袭击对未来五十年的影响有多大？这会不会成为世界历史上另一个转折点？或许是新一轮全球性冲突的开端？或者，更乐观地看，这会不会成为将我们从残酷世界冲突中解放出来的一个转折点？你怎么看待？你希望怎样？

人口增长最快的时期。1750年至2000年间，世界人口从7.7亿左右增加到近60亿，在250年里数量增长近8倍。这种增长态势相当于每年人口增长0.8%，大约每85年人口会翻一番。（相比而言，农耕时代人口翻倍时间估计为1 400年，采集狩猎时代的翻倍时间长达8 000年至9 000年。）劳动生产力空前提高让人口数量增长至8倍成为可能。根据经济学家安格斯·麦迪森的估算，世界国内生产总值在1700年至2000年间增长了90倍以上，连人均生产量也提高了9倍。

劳动生产力的惊人提高，是近现代史上所有最重大变化的原因所在。生产力提高的部分原因是新技术的发现和推广。例如在农业领域，得益于轮作技术的改善、灌溉技术的加强、人工肥料和杀虫剂的广泛应用，粮食产量与人口数量并驾齐驱。其他原因还包括人类学会开发利用新能源。采集狩猎时代，每人平均每天可以支配3 000多千卡的能量，仅够维持人体的合理健康状态。农耕时代，每人平均每天可以支配12 000千卡的能量，当时最强劲的可用动力是家畜或风力船。到了近现代，人类已经学会从煤、石油和天然气等化石燃料中提取能源，甚至利用存储在原子核中的能量。如今，平均每人每天可以支配230 000千卡的能量，这一数据是农耕时代的20倍。（相当于每天吃近1 000块糖获取的能量！）飞机、火箭与核能的时代取代了马、牛与柴火的时代。

城镇扩展

人口增长带动了人类社区平均规模的扩大。在1500年，全球只有约50个城市的居民人口超过10万，还没有居民人口超过100万的城市。

到2000年，数千个城市的居民人口超过10万，约411个城市居民人口超过100万，其中41个城市人口超过500万。（2007年，中国上海的人口数量估计达到1 550万左右。）农耕时代，大多数人劳动、生活在乡村；到了20世纪末期，近50%的世界人口生活在5 000人以上的社区。村落数量的急速下降标志着世界上大多数人生活方式的根本改变。与农耕时代一样，随着社区规模的日益扩大，人们的

1500年的世界十大城市

以下是追溯至1500年，人口最为稠密的城市排名情况和人口数量。在约500年后，依然有两个城市保留在这份十大城市名单中，尽管人口数量已经截然不同，它们分别是北京（870万）与伊斯坦布尔（880万）。

1 中国北京	67.2万人
2 印度胜利城[1]	50万人
3 埃及开罗	40万人
4 中国杭州	25万人
5 伊朗大不里士	25万人
6 土耳其君士坦丁堡（伊斯坦布尔旧称）	20万人
7 印度高尔	20万人
8 法国巴黎	18.5万人
9 中国广州	15万人
10 中国南京	14.7万人

来源 :Chandler,T.(1987). *Four thousand years of urban growth: An historical Census by Tertius Chandler*. Lampeter,UK:St.David's University Press.

1 胜利城（Vijayanagar, 又译维查耶那加尔），印度古城名，14世纪中叶，维查耶那加尔王国兴起后建都于此。

生活方式发生了转变，首先是雇佣模式的变化。在农耕世界中，大多数人是小农；如今，大部分人依靠不同职业赚取薪水养活自己。

交通和通信领域的创新改变了社群与地区间的关系。19世纪以前，人们的旅行速度快不过马蹄（或是快速帆船）。杰斐逊总统在1809年离任时，还曾骑马回弗吉尼亚老家蒙蒂塞洛的庄园。传递书信最快捷的方式是使用依靠国家资助的驿马快递系统。而如今信息即刻就能传遍全球，易腐物品在几小时或者数天之内就可以从世界一端运输到另一端。

近现代的主要特征和趋势
人口迅速增长
技术创新
生产力大幅提升
对化石和其他能源的开发利用
大型社区
官僚机构
民族主义
平均寿命延长
妇女发挥更多作用
商业化
全球网络
采集狩猎和农耕生活方式的毁灭

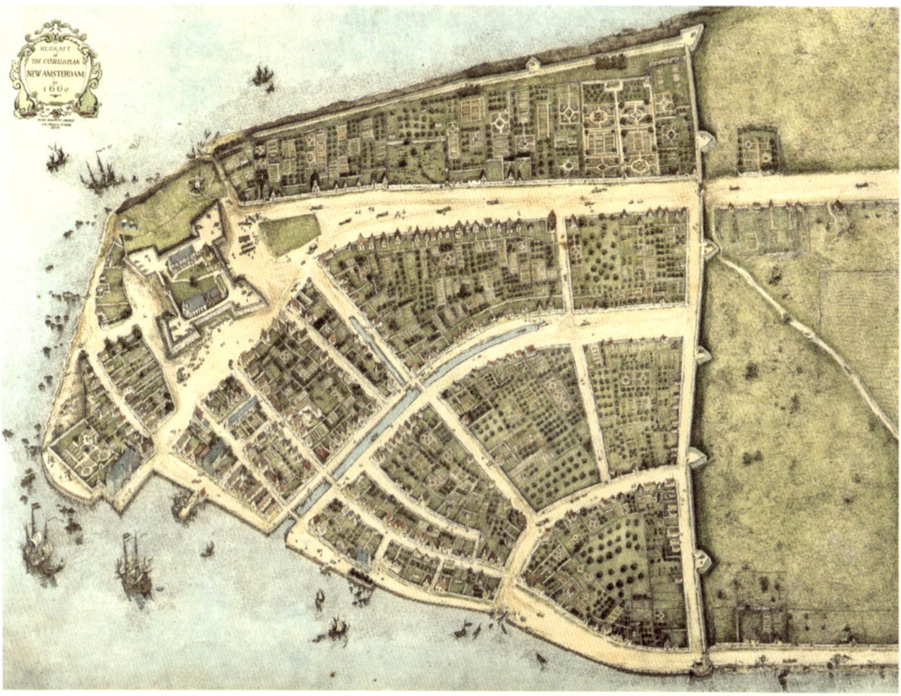
REDRAFT
of
THE CASTELLO PLAN
NEW AMSTERDAM
in
1660

两幅图对比显示了近现代城镇的沿革。左图是目前已知最早的新阿姆斯特丹城市地图，创作于1660年。新阿姆斯特丹原是荷兰殖民者从美洲印第安人手中购买的岛屿曼哈顿，后来改称纽约。右图是工业化后期曼哈顿的城市俯瞰图，大致延续了左图的城市规划格局。

日益复杂和强大的政府

随着人口的增长及人们之间互相联系的加强，更加复杂的管理方式势在必行，这是政府体制变革的原因。前现代的政府乐于关注战争和税务，让他们的民众几乎毫无拘束地自由谋生；但现代国家面临的管理任务更加错综复杂，需要花费更多的精力调节和管控管辖范围内民众的生活。现代国家庞大的官僚机构是现代革命最重要的产物之一。民主政体也是一样，它让政府机构能够及时调整政策，更加贴近其统治的广大群体的需求和能力。民族主义这种公民对政府在情感和理智上的密切认同，是政府与其统治下的民众之间新型关系的另一个产物。

民主和民族主义的发展表明现代政府越来越不愿意依靠武力实现自身意愿，相比农耕时代的统治者，现代政府更多地使用行政和强制权力。农耕时代的政府从未尝试掌控子民的出生、死亡与收入数据，或是实施义务教育，而现代政府将这些重任作为日常事务对待。现代国家甚至能比农耕时代最大的帝国更有效和更大规模地使用暴力。18世纪的大炮可以摧毁一座房屋或杀死一群士兵；现代核武器则可以毁灭整个城市，伤亡数百万人，多种核武器一起使用可以在数小时之内终结人类历史。

权力在本质上的一个微妙变化，在于现代国家日益依赖于商业和经济上的成就而不是生硬的高压政治。他们的权力很大程度上取决于其势力范围内社会的经济生产力水平，以至于现代政府必须充当有效的经济管理者。更多民主政府体制的建立、奴隶制重要性的降低、20世纪欧洲帝国的终结、1991年苏联计划经济的崩溃，以及1990年和1991年南非种族隔离制度的废除，均反映出当权者越来越意识

美国建国初期，选举权受到财产、种族、性别等多种限制，主要是成年白人男性基督徒的特权。到19世纪中叶以后，随着工业革命的展开，普通民众要求普选权的呼声越来越高。图为1851年密苏里乡村选举的场景。

到：熟练的经济管理方式比农耕时代典型的粗暴的、具有强迫性的统治策略，更能有效地提高生产力水平。

日益增大的贫富差距

虽然财富积累速度空前加快，国家内部及国家之间的贫富差距却在加大。安格斯·麦迪森的估算结果显示，1820年美国人均国内生产总值大约是非洲国家人均值的3倍；截至1998年，这项比率上升至近20倍。但是，现代技术产生的部分效益得到了更广泛的分享。粮食生产供应情况和卫生条件的改善、疾病知识的增长、疫苗接种（19世纪）和抗生素（20世纪）的推广使用，可以帮助我们深入地理解以下事实：人类历史上首次将婴幼儿期死亡率控制在如此低的水平，以致人类平均期望寿命翻了一倍还多，从1820年的约26岁上升到20世纪末的66岁左右。这些成果虽未普及，但世界各地都能感受到它们的影响。

女性享有更多机遇

世界许多地区已经重构了男女之间的关系。新能源淡化了雇佣关系里体力的重要性；新式避孕方法赋予男女在生育上更多的选择权；新技术，如用奶瓶喂养，允许父母更轻松地分担照料婴儿的重任。婴儿死亡率降低和新型社会化养老，减轻了为了养老而生育多个子女的压力。最后，城市化和商业化进程为女性和男性创造了更多的就业机会。妇女与传统的育儿者的角色不再紧密相关，这在工业化最发达的地区表现尤为明显。不过，性别不平等观念即使在深受现代革命影响的社会中依然存在。即便是在美国和西欧国家，女性的平均薪资水平都落后于男性。据美国劳工部统计，“在1992年接受计时工资的工人中，女性的时薪中位数仅占男性时薪中位数的79.4%；在全职蓝领和工薪族中，女性周薪中位数占男性周薪中位数的75.4%；1992年女性年薪中位数占男性年薪中位数的70.6%，这是可获得的最近年份的统计数据”。

前现代生活方式的消亡

现代革命最终摧毁了前现代生活方式。直至20世纪，独立的采集狩猎部落仍存在于世界各地。但20世纪末期，采集狩猎者无一生活在现代国家之外，他们的生活方式发生了转变，因为他们被强行带进了现代世界。农业耕作，这一贯穿农耕时代大多数人类成员的生活方式逐渐走向没落，因为小型农户无法与大型机械化生产的农场或工业化程度较高国家的商业化农户竞争。20世纪末，世界大部分地区的农业耕作方式已经消失。即便是在其幸存地——如东亚和非洲的大部分地区——以及拉丁美洲的大部分地区，这种方式也正在衰落。这些变化趋势标志着形成于人类历史早期并随后盛行的传统、文化和生活方式的终结。

解释现代革命

导致这些重大变化的关键原因是创新加速带来的人类劳动生产力的陡升。所以，要阐释现代化，我们有必要解释创新速度为何在近现代期间飙升。迄今为止还没有普遍认可的现代革命的起因，或者准确点说，人类历史创新的总体原因。但是，人们就某些较为重要的诱因达成了广泛共识。

英国达勒姆郡东部的工业城市莫顿，这里原本以农耕生产方式为主。工业革命以后，该地因富藏煤炭资源，发展为一座工业城市。图中描绘的是19世纪中叶，这里工厂紧挨农田建立的场景，体现了农业社会不断后退，为工业社会让渡土地、人力等资源的历史结局。

农耕时代累积的变革

第一，现代革命明显建立在农耕时代累积的变革的根基之上。数千年的缓慢发展为农业和水资源管理、战争、采矿、金属工艺、交通与通信领域带来了递增式的技术改进。交通与通信领域的技术改进——例如操控性更强的舰船和活字印刷术的推广——具有特殊的重要性，因为它们扩大了交流范围，并且确保新技术、新产品和新理念更自由地传播。征兵或征税这种大规模人力组织的方式在农耕时代也有进步。这些技术和组织方面的缓慢变化，在全球市场规模和领域稳步扩张的背景下，成为近现代更加迅猛变化的跳板，不过其发生方式至今尚未完全明晰。农耕时代的最后几百年间，变革的进程已经开始加速。1000年至1820年间，世界国内生产总值呈近6倍的增长态势，而在之前的1 000年里，几乎毫无增势可言。

商业社会的兴起

第二，大多数历史学家认同现代革命与更多商业社会的兴起有关。从英国经济学家亚当·斯密开始，经济学家一直主张创新和商业活动存在紧密联系。亚当·斯密认为，大市场允许专业化分工的加强，这必将促进高效生产力的发展。同样重要的是，竞争型市场中参与买卖的企业家所面临的，是农耕时代的地主与政府通常可以避免的竞争方式。为维持生存，企业家不得不依靠生产并销售廉价商品以削弱竞争对手。这样做意味着贸易和生产要达到最高效率，通常也意味着寻求并引进最新技术。随着商品交换的扩散，雇佣工人的数量也在增加，即那些依靠自身劳动力进入市场的人。由于他们相互之间竞争上岗，雇佣工人也不得不担忧新进的廉价劳动力及其生产效率。

正因为如此，发生在农耕时代的缓慢的社会商业化进程，很可能通过激发创新提高了生产力。随着企业家和工薪阶层财富、影响力及人数的增加，他们所生活的社会对待创新的态度愈发开放，并且更容易接纳创新。

统一性全球网络的发展

第三，从16世纪开始，世界区域联系为统一性全球网络，强烈地刺激了商业发展和技术创新。在短暂的100年内，商品交换和思想交流的规模几乎翻倍，大量新商品和新思想进入世界流通领域。玉米、糖、白银、咖啡、棉花、烟草、马铃薯以及随之而来的生产及商业专业知识不再局限在特定区域，而是传播到世界各地，甚至连人口贩卖也走向国际化。16世纪以前，最活跃的奴隶贩子在伊斯兰世界从事贩卖交易，他们手中的大部分奴隶来自于北方的斯拉夫民族或突厥族。从16世纪起，欧洲奴隶贩子开始捕获和购买非洲奴隶，并将他们用船运至美洲种植园。不管好坏，这类全球性贸易毕竟推动了世界商业的普遍发展。

西欧崛起，成为全球枢纽

尽管变化如疾风骤雨，但是并没有立刻改变整个世界，不同地区接受改变的先后顺序对近现代历史进程产生了深远的影响，这个事实便是引发现代革命的第四个诱因。西欧国家在农耕时代处于大贸易体系的边缘地带，在16世纪建立的全球贸易网络中却处于核心区域，这是因为他们掌控着将世界联系为一体的远洋舰队。相比其他地区，西欧具备更好的地理优势，便于从新兴的全球交易系统的庞大的商品流和思想流中获得好处。欧洲科学革命在一定程度上是欧洲与世界其他地区加强联系后，对源源不断涌入的新思潮作出的回应。对新思想、新作物、新宗教和新商品等的认知削弱了传统行为、宇宙论和信仰的基础，并且尖锐地提出了应该怎样对世界认知去伪存真的问题。活字印刷术的革新与推广确保了新信息在欧洲更加顺畅地传播。

与此同时，欧洲国家身处几乎连年战乱的境况中，迫切需要扩大资金来源。因此，他们热衷于利用全球经济体系中存在的商业机遇。为达到目标，他们的手段之一是掠夺美洲资源，利用美洲的商品，如白银，换取进入世界最大市场南亚及东亚的通道。欧洲内部不断增长的商品交换和知识交流创造了开放的创新环境，因为创新者可以利用全世界的知识和商业资源。西欧在现代革命初期阶段的领先地位，让它和北美地区在近现代史上留下了独特的烙印，并取得了持续至今近200年的全球霸权地位。凭借欧洲的首要地位，英语，而并非波斯语或汉语，成为现代外交和商务

思想实验

世界不同国家常常拥有不同的实力和重要性。想象1789年的世界情形。中国很可能是世界上人口最多、最为富有、最具影响力的国家；那时的欧洲开始在世界经济领域发挥主导作用；北美大部分领土或者被美洲原住民占领，或者被欧洲殖民主义势力控制；美国实力相对较弱，且经济地位无足轻重。现在设想一下未来情形，中国再次成为世界上人口最多、最为富有和最具影响力的国家，欧盟成员国组建世界最大的经济体，而美国实力更弱，经济地位更加微不足道，美国国家及其公民该怎样适应这样的地位落差呢？

领域的通用语言；在联合国工作也需要穿西装打领带，而不是身穿土耳其长衫。

其他因素

第五，更特殊的因素必须深入到阐释现代革命的所有细节中。欧洲国家特有的商业化性质无疑有助于解释他们为何善于接受创新，但是地理因素，如气候变化以及英国等欧洲西北部国家和地区存在的大型且易采的煤矿层，也可能造就了欧洲在现代革命中的天时地利因素。

工业革命
1750—1914

这些论据表明现代革命的因素出现在世界各地，尽管其全面影响首先表现在欧洲西北部和当今美国的东海岸地区。在大西洋地区，技术变革从18世纪晚期开始加速。常见的标志性变化包括引进和推广生产效率更高的农业技术，更高效的棉纺织加工机器，苏格兰发明家詹姆斯·瓦特（James Watt）改良的蒸汽机以及第一列机车。到19世纪初，人们发现不寻常的事情正在发生。1837年，法国革命家奥古斯特·布朗基（Auguste Blanqui, 1805—1881）宣称英国正在进行一场“工业革命”，其意义不亚于当时刚在欧洲和美洲发起的政治革命。此时，欧洲生产力水平已经超越印度和中国两个古代超级大国。

水晶宫是工业革命时代的重要标志之一，它是1851年在伦敦举行的万国工业博览会的场馆，见证了英国工业革命的空前成就。当时人称，“世界历史从未目睹过像1851年的世界各国工业大展览这样的盛事。一个伟大的国家正在邀请所有的文明国家来参加一次盛会，比较和学习人类智慧的结晶”。

19世纪中叶，第一次工业革命的浪潮扩展到美国。蒸汽机被广泛应用于采矿、冶金、机械等工业生产部门。图为1867年美国俄亥俄州一家木材加工厂的产品海报，展示了将蒸汽机用于木材加工的场景，该工厂加工的木材可以被用作修建铁路的枕木。铁路的修建，大大加快了资源、信息的交流速度，对促进美国经济具有特殊的革命性意义。

小贴士

启蒙运动

工业化

城市化

工业革命的三次浪潮

工业革命的技术创新呈现波浪式发展态势。每一波都带来了新的生产力提升技术，并将工业化进程扩展到新的区域。第一波浪潮出现在18世纪晚期至19世纪初期，英国发生了最具有关键性的变革，尽管英国引进的许多革新其实是由其他国家首创。其中最重要的变革是引入高效棉纺织机器和瓦特发明的蒸汽机。

蒸汽机是一种首次高效利用化石燃料储能的机械，它提供了一种似乎用之不竭的廉价能源，尤其是在那些可利用煤炭的地区。蒸汽机使从矿井中抽水的工作变得更加简单，因此快速降低了煤矿开采成本。蒸汽机与18世纪晚期发明的新型纺织机结合，彻底改革了纺织工业这个在大多数农耕社会中位列农业之后的第二大产业。为了更加高效地利用这些新技术，企业家开始将工人集中到监控严密的大型生产车间，这也就是我们所熟悉的工厂。

第二波创新浪潮发生在19世纪初期至中期。在这几十年里，蒸汽机被安装在车上以制造出第一批机车。铁路系统大幅降低了陆路运输成本，它们对美国、俄国等大国的经济具有特殊的革命性意义。紧接着，对煤炭、机车、车辆、轨道的需求刺激了煤和金属的冶炼与管理，早在19世纪初期，这些技术就传播到欧洲其他地方和美国。

第三波创新浪潮发生在19世纪下半叶。工业技术在此期间传播到北美、欧洲其他地区、俄国和日本。俄国和日本在19世纪50年代至60年代遭受西方列强的军事羞辱，这让两国政府强烈地认识到要生存就必须鼓励工业化，因为工业实力能够显著增强军事力量。钢铁、化工和电力是这一波工业革命期间最重要的新技术。新型组织形式将银行和工厂组建成大型股份制企业，其中最大一家在美国建立。在德国和美国，系统性的科学研究方法与大型企业主体都开始在技术创新中发挥重要作用，创新开始在现代政治和企业的结构体系下逐渐制度化。

到19世纪末，在与德国和美国的竞争下，英国逐渐丧失产业主导地位。1913年，美国对世界国内生产总值的贡献率占比接近19%，德国占比9%，而英国只有8%多一点。

经济发展

工业化革命的三个浪潮改变了生产力水平。从1820年至1913年间，英国国内生产总值增长了6倍多，德国增长了9倍，美国增长了41倍。与此同时，英国人均国内生产总值增长了2.9倍，德国增长了3.4倍，美国增长了4.2倍。此前的人类历史还从未见证过生产力有如此惊人的飞速发展。

世界其他国家的经济增速没有跟上。正好相反，工业化领先地区不断增强的经济和军事实力侵蚀着印度、中国以及奥斯曼帝国的传统农耕社会。在欧洲和其他大西洋强国的机器纺织品以低廉的价格削弱其他地区本土产品的竞争力的同时，他们现代化的军队也攻占了世界大片地区。

19世纪后期，财富和权力的地区差异急剧扩大。1820

小贴士

殖民主义

帝国主义

自由主义

年至1913年间，中国国内生产总值在世界的占比从33%降至9%，印度的占比从16%降至8%，而英国的占比从5%上升至超过8%，美国的占比从约2%上升至超过19%。直至19世纪末，印度被英国统治；中国遭到欧洲、大西洋以及日本等列强的商业以及一定程度上的军事支配；南北美洲、大洋洲大规模涌入欧洲移民；拉丁美洲的大部分地区处于欧洲的财政支配和商业统治下；非洲和东南亚的大多数国家也已划入欧洲帝国的势力范围。国家之间的政治和经济不平等像国家内部的不平等一样引人注目，这在人类历史上尚属首次。全球帝国主义和第三世界也在19世纪后期诞生了。

民主革命

经济变革常常伴随着深层次的社会、政治及文化变革。农耕时代的农民群体主要依靠自给自足的生活方式，但工业社会中的城市工薪收入群体，和作为雇主的企业家阶层一样，对只有国家能够提供的法制秩序和经济管理体系依赖度很高。随着职责的多样化和复杂化，各国政府也反过来更依赖于社会各阶层的共同合作。这些变革正好可以解释各国政府与其民众之间为何反复出现激烈争吵。最早的现代化民

法国大革命是现代民主政治发展史上最具代表性的一次革命，“网球场宣誓”是法国大革命的前奏。当时第三等级要求召开国民议会，遭到国王路易十六的压制。国民议会代表在凡尔赛宫室内网球场聚集宣誓，“不制定和通过宪法，绝不解散”。

主政治体制在动荡不安的18世纪下半叶诞生于美国和西欧。历史学家罗伯特·帕尔默（Robert Palmer）将这段时期称为“民主革命时代”。更加民主的治理方法将向更广泛的人群赋予政治影响力，而换来的是监管的加强。例如法国大革命时期的政府开始征募大量军队，采取细致的人口普查措施，并监管工厂、办公场所乃至家庭内部的生活。

文化变革

文化生活也发生了变革。19世纪期间，在北美及欧洲大部分地区，大众教育将读写能力传授给大多数民众，而新兴的大众传媒为民众提供大量的阅读信息，全面报道本国及世界各地的要事。大众教育同新型的大众娱乐形式一道，开始为国民共享的“民族”身份赋予现代意义。所有的宗教传统此时都必须直面现代科学提出的挑战，大多数传统开始融入某些现实科学理念，并注意摒弃其他方面。19世纪的辉煌成就提升了科学的威望，也挑战了传统的世界观。

英国自然学家查尔斯·达尔文（1809—1882）提出的进化论颇具挑战性。它暗示生命本身可能是一种不可捉摸的力量的产物。但正是由于进化论过分依赖理性解读，科学世界观无法发挥传统宗教的精神慰藉作用。这解释了为何科学带来的挑战不仅没有摧毁传统宗教，反倒似乎促进了新型宗教运动的发展，譬如基督教的福音派。

在大西洋核心区域之外，工业革命的间接影响范围广、破坏性强，这是因为欧洲及北美发展壮大的政治、商业与军事实力已经威胁到传统的政治经济结构，并且开始侵蚀古代思维方式下的信仰。在世界大部分地区，人口迅速增长、土地资源短缺、税负增加以及城镇带来的新机遇颠覆了乡村生活方式。然而，正如社会主义者指出的那样，早期工业城镇的条件通常比乡村更差。在工业化进程中，农民生活方式被缓慢侵蚀，以及早期工业城镇的恶劣环境，共同营造了剑拔弩张的社会紧张局面。

处于早期工业革命核心区域外的政府机构不得不面对近乎不可能的挑战，他们要设法追赶欧洲的经济和军事实力，同时又不能破坏自身政权的传统社会和文化结构根基。过渡期必定是痛苦的经历，因为农耕时代的主导政治形态主要建立在传统的地主土地所有制而并非商业贸易的基础上；然而，人们逐渐意识到工业化与商业活动紧密相关。不足为奇的是，现代政府形式的产生常常导致传统社会结构与治理体系的剧烈崩塌。日本是少数的在不破坏传统社会结构的前提下，成功实现向现代工业化经济过渡的社会之一。

1900年，现代革命的众多特征在北大西洋核心区域已随处可见。无论如何，世界上其他许多国家也开始感受到它在生活方式、经济运行、政治治理和思维方式等方面的影响力。

思想实验

就人类历史而言，面向全民的公共教育是非常晚近的现象。细想19世纪的公共教育所普及的人数比以往都更多，但也没有人们想象中那么多。1900年，5岁至19岁的美国人入学率仅有51%。现在设想，假如没有公立学校和强制考勤，你通过自学能学会什么？哪些是你无法学习的？例如，你的父母没有受过教育，谁能教你阅读？你可以在哪儿学习数学？你如果连基础数学都不懂或是没有阅读能力，又能找到什么工作？你认为公共教育在现代社会比在农耕时代更加重要吗？

大众传媒使信息传播不再受时间和地域的限制，信息交流的速度大大加快。图为1848年美国民众通过报纸了解墨西哥战争。

20世纪危机

1914—1945

1913—1950年间，曾让世界大幅改观的经济增长引擎似乎抛锚了。国内生产总值的世界增长率从1870年至1913年间的年均1.3%减缓为1913年至1950年间的0.91%。经济增长的缓慢态势影响到工业革命的所有核心区域，但这种影响在曾经的农业大国，如中国和印度，表现更为突出。这种趋势下的明显例外是俄国，其经济年均增长率从沙皇晚期的1.06%上升至1913年至1950年苏联早期的1.76%。

曾经促进工业革命发展的国际金融业和贸易体系的崩溃，是导致增速减缓的部分原因。1870年至1950年间，投入国际贸易的世界生产总量比例发生实质性下滑。部分问题在于，工业化国家政府仍在探索如何最有效地实现经济快速增长，通常他们像过往的大型农业帝国一样，将增长视作一场零和博弈（双方利益针锋相对，不可能取得妥协

《西线无战事》节选

自1929年出版以来，《西线无战事》一直被奉为讲述战争中士兵个人苦难的经典小说。德国作家埃里希·马里亚·雷马克（Erich Maria Remarque, 1898—1970）基于第一次世界大战期间的个人从军体验，写作了这部小说。下面引用书中最意味深长的语录：

此刻，我第一次发现，你我同病相怜。我想起你的手榴弹，你的刺刀，你的步枪；现在，我看清了你的妻子，你的面容和我们的友谊。原谅我，战友。我们发现得太迟了。为何从未有人告诉我们，大家都是可怜人，你们的母亲像我们自己的母亲一样都忧心忡忡，我们一样都畏惧死亡，一样都垂死挣扎，一样的悲痛欲绝，原谅我，战友；你怎么会是我的敌人？

来源：Remarque,E.M.(1929).*All Quiet on the Western Front* (A.W.Wheen,Trans.,P.223). New York.Fawcett Crest.

小贴士

共产主义与社会主义

法西斯主义

种族灭绝

第一次世界大战

第二次世界大战

的局面），要获胜只能排挤受保护的市场中的竞争对手。19世纪后期帝国主义的迸发就是这种竞争关系最明显的表现形式，因为欧洲诸国尽力垄断对他国的控制权。大国竞争关系的另一种表现形式是贸易保护主义（通过限制外国竞争对手进而保护国内生产者利益）的蔓延。第三种表现形式是共同防御体系在欧洲的兴起，它将巴尔干半岛危机演变成一场全球性战争。主要工业强国间的相互猜疑和竞争关系阻塞了国际交流主动脉，这对经济增长和政治稳定造成致命打击。

1914年6月28日，奥匈帝国的王位继承者弗朗茨·斐迪南大公遭到刺杀之后，奥地利入侵塞尔维亚，俄国介入塞尔维亚保卫战，德国对俄国宣战，同时将俄国的盟友英国和法国卷入战争。欧洲遍布全球的殖民和商业网络将其他国家拉入战争旋涡。德国在非洲、太平洋地区以及中国的殖民地被法国、英国和日本军队攻占；从印度、东南亚、非洲、大洋洲和北美等殖民地和前殖民地，以及阿根廷这样的半殖民地，军队和物资源源不断地输送至欧洲。1917年美国对德国宣战。

“一战”期间，德国首先对英法联军使用芥子毒气，“二战”中，日本侵略军曾在淞沪会战、徐州会战等大型战役中，多次使用这种生化武器。芥子毒气这种工业化战争的产物，带来了极端的杀伤力。

19世纪的军事变革决定了第一次世界大战将是异常血腥的战争。新型武器，包括机枪、坦克和飞机，而类似芥子毒气这样的生化武器足以灼伤受害者的五脏六腑。讽刺的是，医疗进步让更多的兵力留在了前线，而对敌方阵地发起的突袭常常徒劳无功，士兵性命最终丧失在成千上万机枪火炮的枪林弹雨中。现代工业国家靠掌控经济来武装各自的军队，有效发动“全面战争”。在战争大后方，女性代替男性在农场、兵工厂或铁路上劳作，对胜利的贡献不亚于军队。事实上，女性在第一次世界大战中发挥的重要作用，成为战后妇女选举权迅速普及的主要因素。第一次世界大战并非工业革命时代的第一次全面战争——美国内战更配得上这个称号——而是将工业化战争的惊人规模和破坏力展现得更加淋漓尽致，成为近现代史上具有实质意义的第一次全球性战争。

全球巨变

法国凡尔赛惩罚性和平条约的签订，以及战后成立的国际联盟的失败，证明导致第一次世界大战的政治对抗并未消失。1929年，国际贸易和金融体系最终崩溃，由此引发的经济萧条影响到几乎所有的主要的资本主义强国，以及为他们提供原材料的亚洲、拉丁美洲和非洲国家。经济大萧条似乎印证了社会主义关于资本主义制度最终走向瓦解的预言。许多国家政府重新开始闭关自守（国家基础上的经济独立与自给自足），而之前他们却在争相角逐正在萎缩的世界资源和市场份额。

1933年，德国出现了以阿道夫·希特勒（1889—1945）为首的法西斯政权。希特勒决心挽回德国第一次世界大战的损失，必要时进行武力征服。法西斯主义在其创始人贝尼托·墨索里尼（1883—1945）的出生地意大利泛滥，并蔓延到了西班牙、巴西以及其他地区。法西斯主义和社会主义都反映了19世纪后期自由资本主义意识形态的深度幻灭。法西斯主义者预感国家和种族冲突时代的到来，最优越且最强大的民族定能取胜；革命社会主义者则将此冲突定义为阶级斗争，认为资本主义和社会主义、资本家和工人势不两立。

俄国出现了由马克思主义指导、决心推翻资本主义的社会主义国家，这是19世纪资本主义瓦解的另一显著标志。沙皇俄国政府鼓励工业增长，但是（与日本明治政府不同）未能在统治结构框架下成功接纳实现工业化所必需的企业家。最终，城市无产阶级（工人阶级）的迅速壮大和贫困农民的日益增多造成了社会危机，同时由于在日俄战争中的军事败绩和参与“一战”的巨大消耗，沙俄帝国解体。传统精英对于这场危机的反应过于被动迟缓，这让弗拉基米尔·列宁（1870—1924）领导的布尔什维克夺取政权，并通过一场激烈的内战（1918—1920）牢固掌握了政权。

布尔什维克致力于推翻世界资本主义，建立生产资料（例如土地）、银行和所有大型企业均为集体所有的社会形

思想实验

1935年，辛克莱·刘易斯（Sinclair Lewis）的小说《这种事不可能发生在这里》（*It Can't Happen Here*）出版。故事主要讲述了为什么法西斯主义甚至可能出现在美国。其他虚构作品，如菲利普·罗斯（Philip Roth）2004年的小说《反美阴谋》（*The Plot Against America*）呈现了类似的情景。你认为法西斯主义可能在美国最终胜出吗？若此事发生，哪些因素是诱因，而哪些不是？

态。在列宁的继任者约瑟夫·斯大林(1879—1953)执政期间，苏联建立了非资本主义的工业社会，使其足以对抗资本主义竞争对手。斯大林政府使用第一次世界大战期间开创的管理方法，开始管控并协调整个苏联经济，不让市场力量发挥重要作用。为应对工业化和加快重整军备进程，斯大林政府建立了庞大、强力和高压的国家机器，必要时甚至不惜采取专制行动。人们曾在一段时间内认为新体制可以匹敌主要资本主义国家的经济及军事实力。20世纪30年代至后来的50年代期间，苏联的经济增长速度的确比其他国家更快（由于苏联计划经济体制缺乏以市场价格为参考，我们无法进行确切的财政对比）。但由于后来市场价格逐步透明化，我们发现苏联为快速的工业化进程付出了惨痛的人道代价。

重整军备

20世纪30年代期间，在日益紧张的国际形势下，世界主要强国开始重整军备。第二次世界大战发端于日本和德国妄图创建各自的陆上帝国。日本于1931年入侵中国东北，并在1937年全面入侵中国；德国的扩张主义冲动促使其在1939年入侵波兰之后全面发动欧洲战争。1941年，当今世

思想实验

1945年，哈里·杜鲁门总统决定动用原子弹结束“二战”在太平洋地区的战争。想一想从杜鲁门决定使用最恐怖的武器从而引起人们的争辩开始，到后来越来越多的国家“加入”核俱乐部。现在设想一下，如果你有机会给杜鲁门建议，你会提议其他选择吗？美国仍是世界上唯一在战时使用核武器的国家，你认为这一史实有何重大意义？

第二次世界大战使20世纪的全球社会再次陷入文明危机。图为重整军备的德国纳粹军队。

界最大的经济强国美国，在日本对珍珠港进行先发制人的袭击后参战。苏联也在遭受德国侵略后参战。第二次世界大战的太平洋、东亚及东南亚的战区，与欧洲战区一样广阔。但是，最终，在美国强大的经济和军事实力以及苏联非凡的协调调动能力下，同盟国终于扭转了对轴心国（德国、日本和意大利）的战争形势。第二次世界大战比第一次世界大战更加残酷。近6 000万人丧生，大约占当时世界人口的3%。

随着有史以来最可怕的武器原子弹的使用，战争宣告结束。1945年8月，原子弹被投放在日本的广岛和长崎两座城市，这是人类历史上第一次使用原子弹。（投放原子弹的B-29轰炸机飞行员保罗·蒂贝茨上校［Paul Tibbets］以自己母亲的名字，将战机命名为“艾诺拉·盖伊”号［Enola Gay］，这颗原子弹绰号“小男孩”。）随着对城市的空中轰炸首次成为现代战争的手段，第二次世界大战中的大多数人员伤亡都是平民。战争的极端残忍性的最有力的印证，可能就是希特勒的纳粹党对近600万犹太人进行的系统性谋杀，这就是后来广为人知的“大屠杀”（Holocaust）。

第二次世界大战结束之际，欧洲不再主导全球经济体系。美国和苏联成为新的超级大国。他们拥有自己的盟友和附庸，各自代表着不同的现代化发展道路。随着东欧大部分国家的加入及1949年毛泽东（1893—1976）领导的社会主义新中国的成立，社会主义阵营的规模和实力得以壮大。截至1950年，世界近1/3的人民生活在社会主义国家。在两次世界大战期间，欧洲以外地区的经济增长速度更快，美国、苏联、日本乃至拉丁美洲地区表现尤为突出。

东南亚、印度、非洲及其他地区反殖民运动的强势兴起，揭开了终止欧洲帝国主义统治的序幕。在印度，成立于1885年的印度国民大会党，成为独立运动的强力支持者，充满感召力和创造性的莫罕达斯·甘地（1869—1948）被推举为领袖。在他倡导的“非暴力不合作运动”下，英国被迫于1947年承认印度和巴基斯坦两个新生国家的独立地位。

尽管20世纪初期资本主义国家危机四伏，但是关于资本主义灭亡的预言还为时过早。科技创新在此期间迅猛发展，内燃机投入大批量生产，飞机制造业兴起，（飞机起初作为战争武器，后来演变为新型的商业和民用运输方式，）纺织品、橡胶的化学替代品开始出现。这是一个属于声呐、核能和石油的年代；同样也是一个属于根本性科技突破，尤其是物理学突破的年代。

其他一些进步成果同样保障了资本主义增长引擎重新启动，19世纪经济增长的强劲步伐得以延续。促进增长复苏的管理准则首先出现在美国，其中两个方面的进步尤为重要：第一是亨利·福特（1863—1947）于1913年首先倡导的大规模流水生产线；第二是20世纪20年代随着普通人有机会获得现代化商品，如汽车、电话和收音机，大众消费主义的意义初见端倪。

思想实验

许多人认为，美国青少年将大众消费提升到了新的高度，这是从理论角度阐述大众消费的经济学家做梦也想不到的。商家乐于接触青少年，他们每年花销超过1000亿美元。青少年消费确实为美国经济注入活力。但是，许多社会科学家和媒体评论家驳斥这种观点，他们认为我们的子女正持续受到媒体（广告主、电视节目与网站）的摆布，不间断的购买行为，为成年后的超支和债务埋下了隐患。你怎么看？有什么论据可以支持双方的观点？其中一方是否更加合乎情理？我们若是接受一方观点并反对另一方，要紧吗？我们能否辩证地看待双方观点？

购买力成就的消费主义

大众消费主义最终解决了消费不足这个19世纪困扰生产者的根本问题。随着生产力的提升，一些生产商发现产品的市场营销困难重重。至少从19世纪70年代起，人们就认识到当生产力超越了市场需求时，资本主义经济就容易受到繁荣与萧条的周期性影响。资本主义社会的现代经济周期相当于农耕时代的马尔萨斯增长与衰退周期循环。但与此形成鲜明对比的是，经济周期是生产过剩（或消费不足）引发的，而马尔萨斯灾难主要是生产不足（或消费过度）导致的。20世纪早期，人们意识到为了保障经济长期增长，刺激需求与市场保护前景更加广阔。

然而为了促进需求增长，政府和雇主必须保证消费者钱包里有充足的现金购买商品和服务，必须提高雇员的生活质量而不应削弱他们的收入水平。在20世纪30年代的经济

现代媒体史上的重大事件

1870年，超过5 000家报纸在美国发行。

1876年，“沃森先生，快来，我需要你的帮助。”贝尔发明了电话。

1897年，世界第一座电影院在巴黎建成。

1900年，估计有1 800种杂志在美国出版。

1900年，美国报刊发行总量每天超过1 500万份。

1920年，马可尼在英国实现了第一次短波无线电通讯。

1928年，电视机进入了三户美国家庭，电视节目开播。

来源：University of Minnersota Meddia History Project.(2007).Retrieved May 22,2007.
来自：http：//www.mediahistory.umn.edu/timeline。

萧条时期，经济学家约翰·梅纳德·凯恩斯（John Maynard Keynes, 1883—1946）主张各国政府要振兴资本主义经济，不应该加大降薪力度，而应当采取诸如发放失业金的策略来刺激消费。其实政府已经在尝试采取这类措施。20世纪30年代，美国“新政”通过政府项目为经济投入了大量资本，试图通过新建道路和大坝等基础设施，来创造就业机会并拉动消费。

对资本主义政府来说，大众消费还有一个好处，就是削弱了一些反资本主义论述。在20世纪，人们发现拥有日益增长的物质财富的人口，不大可能转变为革命的无产阶级，而这一阶级被德国政治哲学家卡尔·马克思视作资本主义的掘墓人。大众消费策略是资本主义制度对抗革命的最有效手段。

危机与创新

对于众多领域来说，1914年至1945年的危机时期，同时上演了一场知识领域的革命。爱因斯坦提出的相对论，以尼尔斯·玻尔（Niels Bohr, 1885—1962）、埃尔温·薛定谔（Erwin Schrodinger, 1879—1961）、维尔纳·海森堡（Werner Heisenberg, 1901—1976）和马克斯·玻恩（Max Born, 1882—1970）为代表的科学家阐明的“量子力学”理论，驳斥了早期的机械论宇宙模式。奥地利心理学家西格蒙德·弗洛伊德（Sigmund Freud，1856—1939）通过揭示无意识心理动机的重要意义，对在人类事务中理性作用的信念提出了挑战。新型艺术形式，如电影将艺术现实主义引入了大众文化，并激励艺术家和作家尝试新的、不太注重现实的表现手法，从以画家毕加索（1881—1973）为代表的立体主义，到詹姆斯·乔伊斯（James Joyce，1882—1941）《芬尼根守灵夜》（*Finnegans Wake*）的梦呓一般的语言，处处都可以看到这种尝试的影子。

大众文化的新技术，包括广播、报纸尤其是电影，提供了一种新的途径，让我们得以影响世界各地民众，影响观点、态度和幻想，各国政府和广告客户开始逐渐重视它们的价值。

苏联在运用大众传媒传播思想方面尤其具有创造力。新型大众传媒有助于培育能够冲击传统高雅文化霸权的大众文化。在工业化国家的核心区域之外，传统宗教和艺术，如印度教和佛教的复兴，开始在创新民族文化方面发挥重要作用，以对抗北大西洋区域的文化霸权。

现代历史

1945年至今

第二次世界大战之后，资本主义引擎再次轰鸣，造就了世界历史上最快的经济增速。世界国内生产总值年增长率从1913年至1950年间的0.91%，上升至1950年至1973年间的2.93%，之后在1973年至1998年间降至更为适度但仍然引人瞩目的1.33%。

随着市场的开拓，美国“马歇尔计划”提供的大规模重建援助资金，推动了全球性监管机构，如联合国（1945年）和国际货币基金组织（1947年）的成立，国际经济秩序重新恢复正常状态，再次呈现稳定发展的趋势。出口国际市场的商品在总产量中的比例，在1913年至1950年间跌落之后，于1950年至1995年间增长了3倍。先后发生在美国、欧洲国家和日本的国际贸易复苏和大众消费主义传播，刺激了所有主要资本主义国家的经济增长。在欧洲和日本

小贴士

气候变化

冷战

消费主义

全球化

首次出现了大量购买私家车、电视机、收音机的消费者，而空运成本的降低使他们去往异国度假成为可能。新一波电子技术领域的创新受到战时科研项目的促进，引领了20世纪80年代与90年代的电子革命。而生物技术领域的创新，包括发现脱氧核糖核酸结构等，酿成了基因工程新技术的发展，其意义我们仍无法预知。

资本主义国家政府逐渐擅长通过刺激消费，以及在干预和“自由放任主义”之间寻求适度平衡的方式，来维持经济增长。20世纪70年代初期与90年代后期的衰落表明经济周期仍未得到完全掌控。然而，19世纪后期的诸多贸易保护主义幻想破灭，因为政府认识到在全球经济高速发展的形势下，单个国家（甚至是最强大的国家）的财富增值通常需要依赖全球经济增长，而并非占有受保护市场。对现代资本主义经济和政治现实更清晰的研判，成为美国政府决心（通过“马歇尔计划”）资助欧洲和日本战后重建的原因，尽管此举意味着将昔日的敌国扶持成为商业竞争对手。

本着这种精神，加上来自于反殖民主义运动的压力，欧洲政府放弃了他们在19世纪后期开拓的帝国。在1945年后的40年间，大约有100个国家从其欧洲领主手中取得了独立。另一批新兴国家涌现于1991年苏联解体之后。截至2007年，联合国已拥有192个成员国。

工业化进程开始延伸至19世纪后期的工业核心区域之外，部分原因在于主要资本主义大国的积极支持。直至20世纪90年代，东亚和东南亚地区经济增长都非常迅速，其中韩国、马来西亚、泰国、中国台湾、中国香港和新加坡尤为突出，它们均受到日本增长模式的影响。

火箭与卢布

即使世界划分为两大主要阵营，世界经济仍保持增长态势。资本主义阵营和社会主义阵营在军事、经济和政治上相互较劲。在数十年的时间里，这些对抗关系险些引发第三次世界大战，而这将是一场核战争。然而，冷战也是一场争夺经济和政治霸权的较量。双方均认同在现代社会中，经济增长是政治和军事成功的关键。两大集团采用了竞争方式来获取经济增长，而且在大约三十年时间里，都难以明确究竟是社会主义国家的计划经济，还是西方国家的资本主义经济的发展速度更快。

1953年斯大林逝世之后，苏联的国民生活水平开始提高，因为继任者将投资引向消费品和住房领域。20世纪50年代，苏联取得了一系列成就，似乎展现了计划经济的技术活力。这些成就包括研制导弹、核武器，1957年10月苏联发射了第一颗空间卫星——“旅行者”号（Sputnik），1961年将第一位宇航员尤里·加加林（Yuri Gagarin, 1934—1968）送入太空。

在随后的20世纪70年代，苏联经济增速减缓，当苏联人得知他们的生活标准远远落后于主要资本主义国家时，

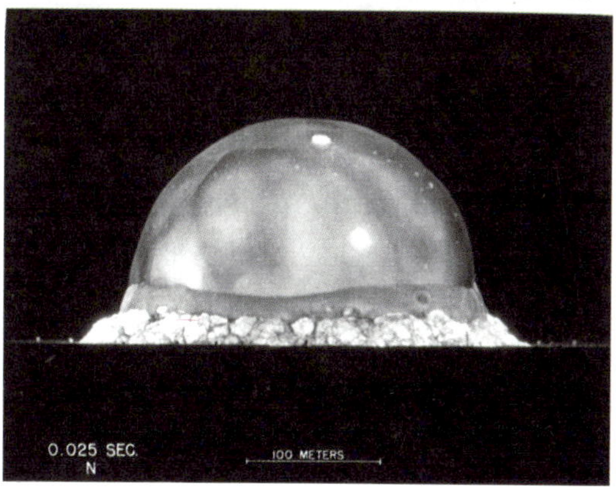

美国早在1941年就启动了研制原子弹的“曼哈顿计划”，这项计划旨在摧毁纳粹德国。1945年7月16日，美军在新墨西哥州的阿拉莫戈多市附近成功引爆了第一颗原子弹，核物理学家罗伯特·奥本海默在看到爆炸之后，引述了《薄伽梵歌》：“现在我成了死神，世界的毁灭者。”实际上，原子弹所能造成的科技灾难，将时刻成为悬在人类世界上方的“达摩克里斯之剑”。图中呈现的分别是原子弹引爆0.025秒、8秒、9秒的景象。

大家的希望破灭了。虽然当大量资源被配置到大型工程时，计划经济确实可以实现创新，但是缺少竞争所带来的持久压力，无法形成资本主义世界驱动生产力提升的持续创新潮流。到20世纪80年代，苏联经济仍未成功引进正在彻底革新资本主义经济和社会的新电子技术。苏联的领导者们知道，这个事实对苏联来说意味着军事和科技灾难。

苏联经济的屡次失败告诉大家许多关于现代革命驱动机制方面的知识。苏联的当权者们早在20世纪50年代就已经知道计划经济固有的不足：缺乏竞争和缺少盈利动机。即使在20世纪30年代，苏联经济的高增长率仍主要依赖于大规模、高强制性的劳动力和资源调配，而并非效率的真正提高。80年代中期，新一届领导人米哈伊尔·戈尔巴乔夫承认，苏联经济止步不前的原因在于，国家无法再像30年代与40年代那样不停地调动新资源了。苏联经济体制走向崩溃的原因在于其采用动员性的发展战略，这与传统农业帝国如出一辙。这种方式尽管对军事危机行之有效，却扼杀了创新。苏联计划经济体制的失败从反面印证了卡尔·马克思宣称的“资本主义是现代化的原动力”这一论断。

中国的适应性调整

社会主义中国是上述规律的一个明显例外。20世纪50年代，新中国政权尝试采用斯大林的方法实现工业化。但是，大跃进带来的经济和社会灾难，“文化大革命”带来的动乱，外加中苏关系裂痕加深，促使中国政府放弃苏联式理想化的全面国有经济体制。1976年，毛泽东逝世，他的继任者再次谨慎地引入市场经济元素，随着企业活动在中国推进，经济增速加快。

放眼世界各地，这段时期的经济增长以及随之而来的巨大变化改变了人们的生活方式。大众教育在世界多地推广，因此，多数国家的大多数民众掌握了基本的读写能力。越来越多的民众居住在大型城市，因为日渐改善的医疗、卫生和教育服务条件，日益增多的薪金和工作机会，都吸引着来自乡村的人们。

这是人类历史上，城市首次成为比乡村更健康的地方，至少城市里能提供清洁水源、基本卫生条件、医疗服务、交通及居民用电等基础设施。在短短一代人（1955年至1990年）的时间里，人类的平均寿命从大约35岁提高到55岁，从这一惊人事实中，我们可以看出医疗卫生条件的改善。

城市化同时改变了两性关系，因为在适应城镇生活的家庭中，女性的薪酬收入与男性同等重要。妇女越来越多地出现在政府部门、教育、医药和科学领域。然而实现真正意义上的性别平等，如经济平等，依然任重道远。以1990年的世界范围为例，相对于每100位同等处境的男性，约80位女性接受过中等教育，约65位接受过高等教育，而仅有约60位女性实现成功就业。

20世纪80年代至90年代，新型电子通信技术和交通运输的发展，使得苏联（及其解体后的俄国）和中国重新融入世界经济体系，让整个世界比以往更加紧密地联系在一起。这种全球一体化的新动向成为人们逐渐熟知的“全球化”。全球化趋势促进了大多数核心工业经济体与众多新兴工业体的经济增长。尽管许多较贫穷的国家，尤其是部分非洲国家及拉美国家，因参与竞争的成本过高而使发展水平远远落后。然而无论怎样，全球化毕竟增进了文化间的紧密联系。随着电视和广播的广泛应用，及其在第三世界国家的普及，发达工业国家的文化规范和消费主义价值观在世界各地随处可见。

可口可乐文化与文化抵制

美国的影响力无可争辩。随着可口可乐这样的消费品走向世界，美国的服装、音乐、体育和娱乐风格在全球广泛传播，全世界无人不晓。然而，西方的影响力也同样招致了强烈甚至暴力的抵制：世界各个国家政府及其公民都在尽力捍卫符合传统的、根深蒂固的文化和宗教价值观，并取得了不同程度的成功。激进的反西方主义新思潮的兴起，仅仅是对抗西方价值观日益盛行的一种表现形式。

日益突出的全球性不平等加剧了人们对西方价值观的反抗。1960年，世界最富有的20%的人口，他们赚取的收入是世界最贫穷的20%的人口收入的30倍。到1991年，此差距扩大至61倍。工业化程度最高的国家取得的巨大经济成就使工业化程度不高的国家贫困状况更加突出，全世界的目光都聚焦到收入、医疗与教育资源、清洁

▣ 思想实验

1999年，喜马拉雅山区的不丹成为世界上最后一个向国民引进电视机的国家。在这个偏远的佛教国家，有许多人害怕电视会给国家文化和公民带来不利影响。尤其是对民众来说，这毕竟意味着第一次广泛接触西方文化。不丹国王认为英国广播公司（BBC）和美国有线电视新闻网(CNN)的新闻，将使不丹人了解民主的运行机制。但随着46个频道的开通，他们知晓的远不止正在实践中的民主。2002年，不丹见证了第一波犯罪浪潮，其中包含贩卖毒品、偷窃与谋杀。倘若第一套碟形天线从未被引进，不丹是否境况更好？“两耳不闻窗外事”是否有时也是福音？

韩国首尔市中心的一栋建筑上，挂着麦当劳的广告牌，西方消费品的流行程度可见一斑。

水源和空气等必需品获取方面的不平等状况。尽管在20世纪工业化扩散到越来越多的国家，但在大多数情况下，其进程要么不彻底，要么因为咖啡或原油类等专业商品贸易发展缓慢而受限，要么由于军人政府腐败经营、剥夺利润或是挪用资金扩充军备，并未将获得的利润重新投资于教育、医疗健康和保证持续增长的领域。

虽然现有的财富与科技可以为全人类提供基本的医疗条件、清洁的水源和充足的粮食，但在世界最贫穷的地区，仍有数百万人死于饥荒或是传染疾病。缺乏适当的教育和医疗服务，使艾滋病迅速蔓延，尤其是在非洲南部的一些国家，在20世纪90年代中期，成年人中几乎1/4人口患有艾滋病。由于传统的农村生活方式遭受人口过剩、土地所有权碎片化及廉价海外进口商品的冲击，农民日益成为边缘化群体。

对世界大多数地方而言，“现代化”意味着农民阶层的消失，而在整个农耕时代，大多数人都属于这一阶级。东欧剧变也令许多社会主义国家倒退回第三世界。对许多人来说，直至21世纪初期，现代革命还是遥不可及的梦想。直

思想实验

你可以想象未来吗？

想象一个你自己喜欢的未来。未来的世界和今天的世界有何不同？会有多少人生活在未来的世界？他们如何生活？他们能活多久？未来会出现一个管理全世界的超级政府吗？还是仍旧存在大量小型的本土政府？

现在想象一个你不喜欢的未来，然后问问自己相同的问题。

最后，想象一下你设想的哪种情况才是最有可能出现的未来。真实的未来最有可能就是好与坏的混合体。别在意你的回答是对还是错。重要的是你能够尽自己所能，想象这些不同版本的未来世界，因为你就属于创造未来的这一代人。

接或间接地讲，现代世界经济、政治和文化上的严重不平等，仍很有可能继续激起血腥的游击战冲突，我们仍将见到持有现代武器的小型群体，试图抵御最发达的资本主义国家的文化、经济和军事势力。

资源耗费殆尽

有人将世界最贫穷国家的悲惨境遇视为经济落后的标志，也有人将这些境况视作向整个未来世界发出的危险警告。20世纪下半叶，人们明显感到人口的迅速增长和资源耗费的加剧，正在向整个生物界施加新的压力。在《阳光下的新鲜事》（*Something New under the Sun*）一书中，约翰·麦克尼尔（John McNeil）辩称道，从长远看，人类与环境的关系变化最终将成为20世纪人类历史上最重要的变化。

随着城市不断吞噬耕地和林地，普通道路和高速公路相继侵占更多的土地，发展中国家的农民为了维持生计持续伐林开荒，人口增长已成为影响环境的最重要因素。尽管如此，在20世纪末期，随着全世界城市化程度加深，受教育水平提高和服务质量改善，供养更多孩子的成本增加、需求降低，人口增长速度已明显放缓。按照现在的情况来看，世界人口将在21世纪末达到峰值——90亿至100亿。

在另一方面，世界大多数地区的消费水平不断提高。工业化已扩展至中国、印度、非洲和拉丁美洲大部分地区。随着越来越多的消费者希望享受到和今天欧洲以及北美地区一样高水平的物质生活，即使人口增速放缓，人类对环境的压力也会持续增加。环境压力的表现形式多种多样。其他物种无法利用被人类入侵的栖息地，这样一来，今天的物种灭绝速度已和过去6亿年里物种灭绝最快时期的速度相当。一些资源已被开发利用得接近枯竭，如鱼类资源和清洁淡水。

其中最迫切的威胁，莫过于燃烧大量化石燃料对大气层造成的影响。二氧化碳就是一种温室气体，这些温室气体可以阻挡太阳热量到达地球，从而导致大气层平均气温升高。在农耕时代，毁林造田可能已经造成全球二氧化碳浓度升高，而从工业革命开始的化石燃料燃烧，则使二氧化碳水平进一步急剧上升，从1800年的280ppm到2000年的350ppm，到2150年，可能会上升至550ppm至660ppm。对大气层的人为干扰究竟会造成什么后果，我们还不得而知，但这些干扰很可能会导致全球气候系统发生重大而迅速的改变——其剧烈程度不亚于发生在上一个冰河时代末期的气候变化。这些变化导致的洪水将淹没许多沿海地区，使世界大部分地区的气候模式陷入混乱，并通过改变土地的生产力动摇整个世界经济体系。于是一些学者声称，由于我们这个物种拥有独一无二的重塑世界的能力，人类已经进入了一个全新的历史纪元——人类世。

人类凭借一己之力成为全球地质变化的重要力量。但是直到20世纪最后20年，人类可能已经成为生物圈变化的主导性力量的观点才逐渐成形。如今，许多学者辩称，事实上，我们已经进入了一个全新的地质时代“人类世”。他们这种观点的依据是什么？

地质时间表是基于岩石分层，用于追踪记录地球历史重大事件的系统，它包含几个不同类型的地质时期。其中最大一级称为“宙”（eons），如“显生宙”（Phanerozoic），即大型生物时代，涵盖了刚刚过去的5.4亿年。其次为“代”（eras），如“新生代”(Cenozoic)，即哺乳动物时代，涵盖了刚刚过去的6 600万年。“代”还可以细分为

"纪"(periods)，如"第四纪"(Quaternary)，涵盖了刚刚过去的200万年。最后，"纪"还可以再细分为"世"，其中离我们最近也最短的就是刚刚过去的"全新世"(Holocene)，自上一个冰河时代末期算起，持续了大约11 500年，这是气候异常稳定的一段时期。英国地理学家尼尔·罗伯茨(Neil Roberts)在其新书《全新世：一部环境史》(*The Holocene: An Environmental History*)中，为我们提供了一部可读性极强的全新世历史，并且可以帮助我们理解人类世这个全新概念。一部分学者开始宣称，全新世已经结束，我们已经进入了一个全新的时代——人类世，这是一个充满不可预知的急剧变化的混乱时代。人类世最突出的特点即是我们(现代智人)这个物种扮演的变革性角色。对于大多数现代人来说，人类对自然不断增强的控制力，意味着生活水平的大幅度提高：更好的营养，更优越的居住和医疗保障条件，更便利的通信和更快捷的交通。但在过去的50年里，我们已经清楚地认识到，为了这些利益，人类付出了巨大的代价。

在现代，人类世的概念主要归功于荷兰气候学家保罗·克鲁岑(Paul Crutzen)。据称在21世纪初的一次学术会议上，保罗·克鲁岑对我们仍居住在全新世时代的论调勃然大怒，忍不住大声呵斥："我们不是在全新世，我们在人类世！"

尽管人类世是新近出现在地质学意义上的时间尺度，它在更宏大的时间尺度行星史上同样引人关注，因为在近45亿年的地球生命史中，这是第一次单个物种在塑造生物圈中扮演了关键性作用。而且，我们改变事物的速度非常快。历史上也曾有过某些物种，它们对整个生物圈产生了变革性影响，如第一批可以进行光合作用的细菌(它们能进行光合作用，并开始向大气层释放氧气），或者对地区环境产生重要影响。但历史上从未有哪个单一物种，能在短短几个世纪内改变整个生物圈。正如2011年一篇论文的作者提出的，“人类世这个术语意味着：（1）地球正移出自己现有的时代，即全新世；（2）人类活动是地球移出全新世的最重要原因，也就是说，人类仅凭一己之力就已成为全球地质变化的重要力量”。

人类世的概念不仅吸引着地质学家和古生物学家，历史学家、人类学家以及大历史学家均对其有浓厚的兴趣，因为它对我们现代智人这个物种至关重要。这种理念就是一个强大的透镜，我们可以透过它审视历史，进一步思考究竟是什么使我们如此与众不同。历史学家可能也会认同这种理念弥足珍贵，因为它提供了一种崭新的、更加准确的思考人类历史纪元的方式，而在此之前，人们都模糊地将其描述为现代性。人类世的理念同时也吸引了各种全球性组织以及来自不同背景，研究人类活动对生物圈影响的专家们。保罗·克鲁岑自己就曾将这个理念称为“对世界的一个警示”。

人类的结局

1969年，随着登月计划的实现，人类小心翼翼地迈出了离开地球家园的第一步。所有这些步伐让人类的目光聚焦于现代革命带来的重大变化，提醒我们人类社会不断增强的力量和复杂性是有代价的，其间伴随着许多危险。人类现在已经拥有了摧毁自身和破坏地球的力量。我们与日俱增的力量带来了许多我们准备不足的重要责任，地球村的高度复杂性也使人类社会可能面临令人恐惧的崩溃，显得愈发脆弱。与此类似，历史上许多基于灌溉的野心勃勃的农业文明（从苏美尔到玛雅）也经历过这种崩溃。但从另一方面讲，当今人类社会的高度复杂性和宽广知识范围，也使我们有能力过渡到一种可持续的、与生物圈更加友好的关系模式。

然而，现代革命是否会催生一个能够维持生态、经济和政治相对稳定的新型全球系统？抑或当今时代的加速变革是否正是人类社会突然崩溃的前奏？这种崩溃是否会将人类社会重新拖回早期农耕社会低下的生产力水平？究竟哪一种情况会出现，我们还不得而知。或许，现代产业革命最深刻的悖论就是，一方面人类掌控生物圈的能力越来越强，而另一方面，我们还没有展示出足够能力，表明我们可以正确运用这种掌控力，使生物圈更加平衡、可持续。作为一个物种，我们真的可以掌控我们令人惊叹的创造力吗？想知道我们人类令人叹为观止的集体成就究竟是昙花一现还是流芳百年，我们尚需时日。

极简人类史

附录

附录 A

如何在课堂使用《极简人类史》

对于历史教师和教育者来说，世界历史或许是最难组织、策划和讲授的课程。要想将整部世界史置于一个焦点，且避免困扰历史教育多年的“一个接一个了无生趣的事实”的授课陷阱，绝非易事。当然，无论在任何层面（不管是地区、国家，还是本地），能够组织条理连贯的历史课程（如西方文明史、美国史或者波基普西市史），都算得上是一种挑战。然而，作为曾经的历史老师、如今仍在与现任或者未来的历史老师积极互动的研究者，我们认为世界史和大历史的教学问题最为突出。大多数教师可能认为，相比讲授国家或地区层面的历史，教授世界史需要填充更多的史料。相比他们处理国家或地区历史时的情况，老师们可能缺乏一种高屋建瓴的世界历史变革全局观。而这种全局观至关重要，它可以为教师在讲授课程时选取史料提供指引，也可以帮助他们更好地认清历史是如何连成整体的。

我们曾专门为75位世界历史教师开设了讲习班，这里发生的事情也值得我们思考。开班时，我们要求他们先用5分钟讲一个关于美国历史的小故事。大家马上行动起来，迅速确定熟悉的年代和事件，随后阐释了两者之间的关系。

大多数老师毫不费力地立刻组织了一个熟悉的故事，并通过它展示了美国的成长和发展。他们的大多数故事包含美洲原住民、欧洲人定居点的设立和殖民、独立战争和宪法的确立、南北战争及重建、西进运动和工业化、两次世界大战、大萧条及新经济政策、冷战、民权运动及其他现代事件。当我们要求他们再用5分钟讲一个关于西方文明的故事时，他们又立刻行动起来。这次，他们同样很快就准备了一个有关西方历史的故事。准备的故事大多包含两河流域文明、古典地中海文明、中世纪时代、文艺复兴、宗教改革、启蒙运动、民族国家、大航海时代、民主革命和工业化。这些老师里有经验丰富的老教师，也有刚出学校的新手，但他们仿佛都手握美国历史和西方历史的“大图景”，并且可以随时将其运用在讲述历史事件变迁或更低层面的历史细节上。

然而当我们要求老师们编一个5分钟的世界历史小故事时，大家则反应不一。只有少数人马上着手进行，其他老师要么纠结于故事从何处开始，要么坦承自己对世界某些地区或时段的历史不甚了解。还有一些老师讲述的是以欧洲为中心的世界历史故事，只不过顺带提及了中国或印度。与他们讲述美国历史或西方文明史不同，老师们没有用宏大的故事来架构他们对世界历史的理解。由于没有现成的历史大图景，这些老师们的故事通常只是在叙述自己的个人感受，且深陷细节的泥沼，不知道故事中应该包括什么，省略什么，也不清楚历史事件之间的联系。

如果我们确认历史过程不仅仅是一场文化巡游或一堆事实数据，那老师们就必须找到行之有效的方法，来确定这个过程应该包含哪些因素，且要在不同的文化、历史事件和历史事实之间，找到合乎逻辑的联系。以我们作为历史教师和教师培训者的经历，并通过我们对历史学习和教学的多年研究，大家开始意识到理解历史大图景对于有意义、有逻辑的历史教学十分重要。遗憾的是，正如其他学者指出的那样，在供历史老师求助的典型领域——如教师培训、国家标准、教材或课程计划中，没有哪个领域向老师们提供了可以讲授历史大图景的世界历史教员，而这种历史大图景是老师们在进行历史课程和教学设计时必备的东西。

这就是为何我们对大卫·克里斯蒂安的阐释性论著《极简人类史》抱有热烈期待的原因。通过提出一种关于“大历史”框架的理论，《极简人类史》为教师和其他历史教育者提供了一种有效的工具——这种工具我们和老师用起来得心应手，可以在教授世界历史时更有逻辑地组织和讲授课程。

《极简人类史》作为教学工具

《极简人类史》向大家展示了一种大图景、全景式的世界大历史叙事，这在任何教科书、课程导读或国家标准中都是绝无仅有的。它向历史教师和其他各层次、各类型的教育者提供了一种设计和组织世界历史课程的有效思维方式。通过关注一个超大规模的历史空间，大卫·克里斯蒂安不仅以不到100页的篇幅,成功地向我们讲述了一个富有逻辑的宇宙历史故事，而且给大家展示了教师应掌握哪些技巧,来应对组织和教授世界历史课程时遇到的各种关键性挑战。

大多数的教师、教材和历史课程都仅仅停留在国家或某个单一文明层面，很少把视野拓宽,关注更大的图景。所以，他们大多将讲授重心放在国家（或文明）的政治和文化上，这种办法容易把世界历史弱化成国家史或文明史的序列研究，除了偶尔会进行国别对比，强调各国的政治和文化差异外，这种方法很少注意到历史之间的内在联系。《极简人类史》则独辟蹊径：克里斯蒂安认为，世界历史理应超越“讲述这个国家或那个团体的单一历史”，而应当关注整个人类历史进程中，民族和国家之间的内在联系。用克里斯蒂安自己的话来说，世界历史的目标应是讲述所有民族共通的故事，因为我们同属人类。历史关注的焦点应是我们人类共同的故事：人类制造和分配食物的重大变化；我们如何组织人类社会；如何认识、开发我们的环境；如何经历和应对全球范围的危机；如何看待人口的此消彼长等。超越将单个国家或文明作为分析单元的传统方式，《极简人类史》将人类历史划分为三个重要时期：采集狩猎时期、农耕时期和现代时期。

像所有优秀的历史学家一样，克里斯蒂安为自己的观点提供了丰富的论据和有价值的历史细节，他的理论绝非无视历史内容的模糊框架和空洞之谈。克里斯蒂安正是按照历史细节的本来用途使用它们：用来支撑和照亮人类历史叙事，使其更加易于理解。当然，在关注大图景的同时，克里斯蒂安也没有忽视学生学习世界历史时应注意的其他层面。虽然他的历史叙事关注的事件都非常宏观，以至于各大文明（更不要说国家、文化和历史人物）都难以看见，但克里斯蒂安在书中自始至终都坚持使用地区、国家或本地的事例来阐释历史的宏观模式。

通过这种方式，《极简人类史》也可以帮助老师们应对讲授世界历史时遇到的第二个挑战，即帮助学生建立起大历史和小历史（发生在较低层面，学生更熟知的历史事件）之间的有效联系。换句话说，世界历史教师经常努力帮助学生，了解历史变化的宏观解读和微观解释之间的关系。无论是学习具体历史事件或时段的建议，还是考察结构和文化之间关系的建议，贯穿《极简人类史》宏观历史叙事始终。克里斯蒂安提出的理念使我们可以在不同的时空维度追踪历史问题，可以进行比较，甚至可以通过这条道路寻找新的证据，反过来挑战他的历史大图景。就像摄影师需要使用多种镜头——特写、广角或全景——来讲述图片故事，世界历史教师和学生也需要透过多种镜头来观察世界历史，以期尽其所能理解得更透彻。

使用《极简人类史》设计并讲授世界历史

当我们和上述75位老师共同使用《极简人类史》时，他们对此非常感兴趣，声称本书为他们设计历史课程提供了一个有用的框架，指引他们更好地筹备美国历史和西方文明史课程。我们发现仅是本书目录，就可以为老师们提供原本缺失，但却是大家急需的关于全球历史变化和联系的大图景。

但这并不是说每个人都同意克里斯蒂安的观点。有些人觉得他忽视了世界各种宗教作为变革媒介的作用；有些人则针对克里斯蒂安的叙事中，经济力量始终凌驾于文化智慧力量的观点提出了质疑；其他人则对其历史叙事中个人的缺失表示关注。的确，在克里斯蒂安展开历史的这个宏大的层面，我们很难看到个人的行为和功绩，对一些老师来说，这就相当于提出了关于人类媒介角色及其因果关系等历史编纂和教学问题。尽管如此，这些不同意见并未减损本书的效用。相反，这些反对意见可以更加彰显本书的价值，因为它们可以鼓励教师使用或寻找历史证据，来挑战克里斯蒂安提出的观点。

历史教师或教师培训者还可以通过哪些方式将《极简人类史》作为教辅工具，帮助其提高课程设计、备课计划和课堂授课的水平呢？下述清单是我们所做的一些初步选择，旨在向大家展示我们如何使用这本书推动世界历史和大历史教学。

在不同时空层面，如何安排讲授步骤

学会识别跨越时间和空间的全球模式，并能够将这些模式和地区或当地的发展现状结合并综合思考，这是我们通过学习世界历史发展起来的最重要、最关键的思维方式之一。通过提供宏观性全球历史叙事和为其他精细研究提供建设性意见，《极简人类史》为我们准备了可以联系各个地理和时间层面历史的模式和框架，使我们可以在各种历史间触类旁通，游刃有余。想设计出合适的教学模式，让学生在不同历史时空中自由探索是十分困难的事情，而《极简人类史》为老师们提供了合适的方法应对这种挑战，这可能是本书最大的价值。当然，这也是和我们合作的老师们的看法。

例如，大家可以想想《极简人类史》是如何通过对世界三次主要工业化浪潮的简要描述来记述工业革命的。以这种全球模式为起点，老师可以要求他们自己（及其学生）移至较低层面，近距离考察工业化进程在西欧、俄罗斯、日本等地区的实现情况。历史的镜头还可以进一步拉近，以便老师让学生仔细观察工业化在某些殖民地（如印度）产生的影响，或让学生观察工业化对于各个社会性别的关系或阶级关系的影响。然后，在考察完工业化在世界各地的实现情况后，老师可以让学生回溯并重新考虑历史大图景。

有助于创建课程和设计单元

《极简人类史》不仅可以通过贯穿各个时空的历史叙事技巧，帮助老师们形成关于世界历史的纵向观念，还可以帮助老师们形成关于历史重大变革的横向观念。这样，老师们就可以借鉴《极简人类史》为我们提供的时代和主题划分，为自己的课程设计断代和主题框架。在本书的每一章，我们为人类历史的各个转折点都提供了有力的论证，老师们可以利用这些论证有逻辑地划分自己的授课时间（如单元划分和学期划分）。老师们还可以通过《极简人类史》找到重要的全球性话题，如“早期城市”或“全球性网络的建立”等，用以划分或协助评估自己的授课单元。克里斯蒂安对于早期城市和全球性网络的描述可以帮助教师思考，学生能够从探索这些话题得出哪些宏观的、有价值的结论。老师们或许还可以辟出一个学习单元，专门研究早期城市或全球性网络可能包含的历史细节。

有助于激发学生思考

许多老师希望和自己的学生一起使用《极简人类史》，我们觉得这是个好主意。学生们同样需要了解他们所学历史的大图景，所以老师可以和学生共同合作使用《极简人类史》，就像当初我们和老师们合作使用一样，尽力为学生构建一幅关于人类历史的大图景。关于老师们为何会以这种或那种方式在课程开始时使用本书，如果我们回溯本书各章开头和结尾的内容，可以找出很多原因。这样做可以帮助学生把自己所学的历史细节与更大的历史图景联系起来，这种办法反过来会帮助学生们更清楚地记忆历史细节，并使这些细节更有意义。

我们也希望老师可以利用本书的各章内容鼓励学生思考，激发他们去探索，对历史进行批判性考察。比如，“可口可乐文化与文化抵制”一节，简要讨论了西方产品及价值观广泛传播后，西方文化不断上升的全球影响及其结果，这就是可以和学生们一起研究的一个很好的话题。

有助于培养见习教师

在美国，世界历史即使不算所有学校课程中发展最快的一门学科，也肯定是社会研究课程中发展最快的一门。然而，很少有教师接受过世界历史培训，甚至是那些有资质可以教授世界历史课程的老师。例如，密歇根州的教师只需在美国以外的地区或欧洲，连续参加两门历史课程的学习，即可获得讲授世界历史的资质。虽然《极简人类史》无法代替我们准备世界历史课程时的大量实质性工作，但它可以给见习老师提供一部简约的人类史，以及许多有关世界历史话题和资源的新想法。我们在培训未来历史教师时曾使用过此书，我们希望将本书与其他广泛使用的教科书，以及世界历史国家标准和各州标准结合、对比，以便达到更好的效果。

结论

很明显，《极简人类史》可以为教师、师资培训者、课程设计专家和学生提供各种借鉴和应用可能，我们对此深感兴奋。我们坚信，大家会找到更多富有创意的办法使用本书，推动世界历史教学，帮助学生更深刻、更精准地理解人类历史——这是我们共同的根本目标。

密歇根大学鲍勃·贝恩
（Bob Bain）
亚利桑那州立大学劳伦·麦克阿瑟·哈里斯
（Lauren McArthur Harris）

鲍勃·贝恩和劳伦·麦克阿瑟·哈里斯都曾在高中任世界历史教师，合起来拥有超过35年的教学经验。两人分别在密歇根大学和亚利桑那州立大学研习世界历史教学，并和见习教师、现任历史教师共事合作。

附录 B

世界历史分期

像所有的故事一样，历史也是有结构的，而历史分期就是史学家们用来创建结构的一种主要手段。然而，历史的发展天衣无缝，浑然天成，很少会自然而然地中断，因此尝试将整个人类历史按照时间顺序整齐地断代一定是人为的。历史分期总会违背复杂的历史事实，即便是最严谨的断代也不免会扭曲历史。任何历史分期的设计都必须在清晰、连贯、准确和真实的矛盾需求中妥协而来。

在世界历史中，寻找合理的方案划分历史是一种挑战，并且极其复杂，因为它试图为所有人类社会历史作出条理清晰的解释。对《极简人类史》而言，这种挑战更大，它尝试着用一些鲜为人知，甚至对很多世界史学家来说都陌生的尺度描述历史。本书不可避免地牺牲一些重要的细节，因为它试图勾勒出更大的框架。例如，书中提到农业文明的进程是一个整体，而不是特定文明社会独有的发展史。本书选取了一个不同的历史片段，这个片段与我们熟悉的片段相比，不分伯仲，只是不同而已。但由于它的不同，它向我们展现了一些新事物，也能给我们带来新的启示。也许当我们用大比例尺看待历史时，发现的最重要的对象莫过于人性。以这种尺度，仅以这种尺度，才可能把人类的历史轨迹作为整体看待并有所感悟。

但这样做，我们不得不以新的方式来思考历史分期的问题。接下来，我们会讨论世界史中由历史分期带来的某些特殊问题，一些历史分期的传统方法和本书中采取的整体讲述人类历史的折中方案。

理论运用上的问题

由于任何一种编年体都会强调过去的某些方面而忽略其他方面，所以历史分期会产生理论运用上的问题。强调性别的史学家可能会寻找男性和女性地位及权力发生变化的历史时期来研究（女性选举权或早期农业社会父系社会关系的出现）；研究战争的史学家可能会关注武器和战术的变化（例如火药的使用和第一个有组织军队的出现）；研究宗教的史学家或许会把目标聚焦在第一个千禧年里第一种“世界性”宗教的出现。不同的问题凸显不同的历史面貌，产生不同的历史分期。换句话说，选择历史分期就是在人类历史中，对孰轻孰重作出相当随意的判断。关注历史中的小部分，历史学家能避免某些挑战，但在世界历史上，历史分期要求对地球上所有社会中的变化作出判断，历史学家在确定这些变化能达成一致意见吗？目前的答案可能是否定的。

组织方面的问题

历史分期也会造成严重的组织方面的问题。由于不同的宗教和社会都有其各自独特的历史轨迹，我们如何找到公平对待它们的标准呢？毕竟，在任何一个特定的历史时期，都会产生成百上千的不同事情，那么史学家究竟要关注哪些事情呢？这是世界历史上一个十分敏感的问题，因为相邻的地区或国家的发展方式相近，而相距甚远的社会鲜有相同之处，那么我们能因为它们同时存在，就将它们放在同一时期吗？如果那样的话，我们就会面临失去世界历史联系的危险。现代史的专业研究出现在欧洲，许多早已确定的历史分期方案使欧洲历史独树一帜。比如在传统上将欧洲史分成古代史、中世纪史和现代史，但是这样的标准在欧洲大陆以外地区毫无意义，虽然这种标准早已制定并为人熟知。无独有偶，中国史学家长期使用动态标准为历史记载提供框架，但这些标准在其他方面也毫无意义。比如“唐代的美洲”这种提法有何意义呢？能否找到对非洲、欧亚大陆、美洲及太平洋地区都有意义的标准呢？对于这些问题的最终解释方案，在世界史学家之间很难达成共识。

伦理方面的问题

历史分期会带来伦理问题，因为它很容易暗示价值判断。如果我们的历史分期假设某些历史时期较其他时期更为“先进”或“进步”，那么这种情况尤为显著。欧洲历史的教科书上常会使用诸如“黑暗时代”“中世纪”“文艺复兴”“科学的革命”或“民主革命时期”等标记，描述这个历史时期时，这些标记绝不会保持中立。用过这些标记，我们大约会了解一段历史：黑暗时期蒙昧落后，中世纪时期承上启下，现代社会真正始于文艺复兴。这样的历史体系对于不同地区和不同时期作出了价值判断，因为它隐藏性地比较了不同地区发展的不同层次。直到现在，史学界对这样的观点仍有广泛争议，即西方社会开始现代化时，其他社会还处于早期历史时期，需要奋起直追。有可能创建一种历史分期体系，避免把对某个时期或地区的价值判断强加于另一个时期或地区吗？对于这个问题，也没有普遍认可的答案。

技术的问题

所谓技术上的问题，我指的是由于历法不同所引发的问题。为什么说“哥伦布于1897年横渡大西洋”听上去这么奇怪呢？因为我在记录这个年代时，使用的是伊斯兰世界而不是基督教世界的历法。古希腊的城邦大多时候用每个统治者的年号来纪年，直到公元前4世纪，才由柏拉图的朋友蒂迈欧提出使用一个统一的纪年系统。这个纪年系统从第一届奥林匹克运动会举办当天算起，依据现代历法（基督纪元），这一年是公元前776年。这些例子都证明了，编写一部通用的历法是一项复杂、长期、困难的工作。但是，在我描述的所有这些困难中，人们达到了逻辑合理、广泛一致的观点，但在历法的使用上仍有争议。使用基督教的历法是不是隐含着文化帝国主义呢？我们能简单使用缩略词公元前或公元后（“BC//AD”），或是基督纪元前或当代（“BCE//CE”）来逃避这些指责吗？没有一个历史分期的体系，能够解决所有这些问题或是所有不同的要求。大体上如历史作品一样，历史分期的框架反映了创造框架的时代，和人们的偏见与判断，同时也反映了提出的问题以及这些问题的范围。这意味着有一个框架能适合众多不同的历史范围，并为史学家提供记录历史的依据。

历史分期的框架

最简单的断代方法就是将过去分成两个大的时代，这种方法在很多的创世故事中都出现过。这两个时代就是创世时代和现代（如某些澳大利亚原住民的解释），或是“衰落”前期和后期（如犹太教、基督教和伊斯兰教教义中《创世记》的记载）。这种二元断代法提供了一种有力方式来对比过去和现在，对当代社会抑或赞扬抑或谴责。甚至到今天，这种断代史的踪迹在二分法框架中依然存在，比如现代理论框架把历史僵硬地分成所谓的“现代”和“传统”社会。

然而大多数断代史的框架都把过去分成很多个主要的时代，每个时代又分成多个时期。朝代的历史通常意味着一种周期观，即历朝历代都要经历由盛及衰的过程，正如每位统治者一样，都要经历青年到中年再到老年的过程。在一种更为线性的观点的构想中，所产生的历史记载常常会把所描述的框架看作一系列独特的时代，其中的每个时代都可能被看成一个更为庞大、更为普遍的轨迹中的一部分。在公元前8世纪时有这样的记载，古希腊的诗人赫西俄德把历史描述成五个伟大的时代，起初是黄金时代，人类心满意足，像神仙一样；接下来经历了几个衰落的阶段，即白银时代、青铜时代和英雄时代；最后就是赫西俄德自己所在的时代，在他看来，暴力和愚昧是这个时代的特征。

崛起和衰落的类似模式在更近代一些的著作中再次出现，比如奥斯瓦尔德·斯宾格勒（Oswald Spengler, 1880—1936）和阿诺德·汤因比（Arnold Toynbee, 1889—1975）的著作。马克思主义史学观把时间顺序的周期性和线性结合起来，认为人类历史始于一个简单而理想化的时期，即原始的共产主义时期，接下来的历史阶段具有生产力不断提高、剥削和不公不断出现的特征。但是当马克思主义的历史框架发展到顶点时，高度发达的生产力会解决所有矛盾，从而“回到”第一阶段的平均主义社会。

现代社会大部分断代史框架都呈现出线性的特征，这些框架受到考古学家和人类学家著作的极大影响，他们比历史学家更急于建构断代史，以涵盖所有人类历史，因为考古学家不同于历史学家，他们主要处理物质形态的手工制品，所以围绕物质文化方面建构断代史是再自然不过的了。另外从大的范围上看，这些断代史清楚地指明了历史的线性变化。19世纪的丹麦考古学家汤姆森（Christian Thomsen, 1788—1865）和沃尔索（Jens Worsaae, 1821—1885）构建了一个由三个时代组成的框架，即石器时代、青铜器时代和铁器时代，这一框架对史前研究仍然有一定的影响。20世纪，戈登·柴尔德（G. Gordon Childe, 1892—1957）从重要的技术意味着生产方式和社会结构的变化这一马克思主义史观出发，主张人类史前历史的转折点来自于技术和社会层面。他强调最重要的是农业的出现（即新石器时代的革命）和城邦的出现（即城市革命）。19世纪的人类学家，如路易斯·亨利·摩尔根（Lewis Henry Morgan, 1818—1881）和爱德华·泰勒（Edward Tylor, 1832—1917）提出了相似框架，即不同的社会结构出现在从“蒙昧”到“野蛮”再到“文明”这一渐进运动中，而不同的时代是由不同的社会结构区分开来的。

在20世纪晚期，历史学家、人类学家和考古学家对运用框架的危害性越来越敏感，这种框架意味着对价值观作出轻率的判断。虽然大部分断代史的现代框架保留了历史的指向性，但专家们通常会抵制要么进步、要么衰落这种方向性的假设。大多数断代史的现代框架，在极大范围上仍主要综合了技术和社会学的因素来区分不同时代。这种传统及其根源可追溯到有记载的最早期的历史。早在公元前3000多年，苏美尔人的《吉尔伽美什史诗》通过对比城邦中的英雄武士吉尔伽美什和他那来自蛮荒之地的好朋友恩奇都，来说明不同的技术意味着不同的生活方式，不同的道德体系以及不同类型的政治、社会行为。马克思把这种对历史的深刻认识正式地写进了“生产方式”的概念中。它为应对断代史的挑战提供了最好的辩解，那就是基础性技术决定人类社会的方方面面，包括生活水平、人口增长、两性关系、政治结构、关于宇宙的想法、社会、神明甚至历史变化的节奏和本质。

世界历史断代

以下的框架也取决于技术和社会的发展，它从整体上把人类历史断代成三部分，根据地域的不同，在每段大分期中又有从属时期。当然，由于各种不同的目标，这个总的结构是一个不尽完美的折中方案，但它反映了世界史的现代著作中，一个合理而广泛的共识。

这三个主要时代始于“采集狩猎时代”，这是距今最遥远的时代，人类在地球上生活的超过95%的时间都处于这个时代；接下来是“农耕时代”，持续了近一万多年；最后是“近现代”，距今时间最短，目前已经历了250年。在曾经生活在地球上的所有1 000亿人中，大约12%生活在采集狩猎时代，68%生活在农耕时代，剩下20%生活在近现代。人类预期寿命在近现代大幅增长，这意味着如果统计所有人生活过的总年数，现代人占比接近30%，农耕时代的总生活年数占比超过60%，而采集狩猎时代的相应比例不超过10%。

正如所有的断代史框架一样，我们需要意识到某个断代史的局限性和它的优势。这里采用的方案是以技术的根本变革为基础构建框架的。第一个独特的人类社会的出现依赖于采集狩猎；农业和社会的出现主要取决于农业生产；最后就是现代工业社会的出现。

世界历史的三大主要时代

<table>
<tr><th>主要时代</th><th>从属时期</th></tr>
<tr><td rowspan="2">采集狩猎时代
距今250 000至100 000年
人类社会主要依赖于采集狩猎的生活方式</td><td>距今250 000至10 000年
起源于非洲</td></tr>
<tr><td>距今100 000至10 000年
全球迁徙</td></tr>
<tr><td rowspan="4">农耕时代
公元前8000至公元1750年
(距今10 000至250年)
人类社会主要依赖于农业生产</td><td>公元前8000至前3000年
(距今10 000至5 000年)
城市出现之前的农业社会</td></tr>
<tr><td>公元前3000至前500年
农业社会、最早的城市和国家</td></tr>
<tr><td>公元前500年至公元1000年
农业、城市与帝国</td></tr>
<tr><td>公元1000至1750年
现代革命前夕的农业社会</td></tr>
<tr><td rowspan="3">近现代
1750年至今
人类社会主要依赖于现代工业技术</td><td>1750至1914年
工业革命</td></tr>
<tr><td>1914至1945年
20世纪危机</td></tr>
<tr><td>1945年至今
当代社会</td></tr>
</table>

这个方案对第一和第三时代结构方面的划分尚可接受。10 000年前，所有人类社会依赖于技术，这一主张是合理的，这些技术被宽泛地描述为采集狩猎，这样概括人类社会是有益的。然而，至今采集狩猎社会在世界的许多地方仍然存在，所以如果我们要更加准确地定义第一时代的话，我们可以说整个人类社会都依赖于采集狩猎。现代也是一样，提供一个总体的历史划分框架相对简单，因为世界上的任何部分都相互联系，并且受到同一推动力和影响力的支配。所以我们可以把现代定义成近两三百年的深刻技术变革，带来世界上所有社会形态翻天覆地的变化的时代。这个时代中的次级历史分期，表现出现代社会关于一些最重要的转变达成的一个广泛（但绝非普遍）的共识。

农耕时代（距今大约10 000年至250年）的结构划分是最棘手的。这个时代为大量历史著作提供了素材，整个时代最为多样化，没有任何标记能充分地捕捉这种多样性。欧亚非大陆、美洲和太平洋世界的历史在完全独立的舞台上演。在亚欧大陆的某些地方，农业社会早在一万年前就出现了；在美洲，所有社会依赖于采集狩猎已经长达几千年；而在澳洲，农业社会直到现代才出现。因此，定义这一时代的最佳方式就是把它描述成：农业首先开始在世界的一些地区对人类社会产生重要影响。但是时间上的巨大差异意味着在这个大时代中，选择灵活的从属时期是至关重要的。我们这里采取的方案说明我们已经意识到，在农业社会的历史中有四大阶段。这些阶段发生在不同地区、不同时间。在第一阶段中存在着农耕社会群落，但是没有真正意义上的城市和国家；在第二阶段中存在着城市，早期形式的国家和帝国；第三阶段以更庞大、联系更紧密的城市和国家为特征；回顾历史，第四阶段可以这样定义，在公元1000年至1750年之间，世界处于转型的边缘，而这次转型比以往人类历史中的任何一次都更具革命性。

以往断代史框架解决伦理道德问题的最好方法，就是简单地照顾表述和称谓，并牢记所有历史分期都是有几分随意性的。这里使用的表述方法，并不意味着对社会的不同形态或人类历史的不同时期作出优劣判断，但这种断代方式能清晰地呈现出某种轨迹。从整个范围上看，人类历史存在指向性是毫无疑问的。采集狩猎社会、农业社会、现代社会从时间上看并不是随意出现的，而是有着清晰的时间顺序。这种时间顺序的潜在逻辑性，反映了人类和环境之间的关系变化。从大的时间顺序上看，人类改变技术，用于生产出越来越多的能源、食物以及其他资源，从而保障人口增长，这一过程反过来会促进一个更庞大而复杂的社会的产生。这些技术先进、人口众多的较大型社会，与生产力低下的较小社会接触时总会占据优势。人类历史的形态是存在的，建构某种全球性的历史框架也是必要的。

延伸阅读

Bentley, J.H.(1996). "Cross-cultural interaction and periodization in world history." *American Historical Review*, 101, 749-756.

Dunn, R.E.(Ed.). (2000). *The New World History: A Teacher's Companion*. Boston & New York: Bedford.

Green, W.A. (1992). "Periodization in European and world history." *Journal of World History*, 3(1), 13-53.

Livi-Bacci, M.(1992). *A Concise History of World Population*. Oxford, UK: Blackwell.

Long, T. (2005). "Periodization, Conceptions of." In W. H. McNeill (Ed.), *Berkshire Encyclopedia of World History* (Vol.4, pp.1458-1462). Great Barrington, MA: Berkshire Publishing Group.

附录 C

参考文献

下表极具选择性地列出了一些世界历史的材料，主要关注写作《极简人类史》时用到的资料。目前，关于世界历史已经有大量著作问世，并且质量也在不断提高。

参考文献

Anderson, B. S., & Zinsser, J. P. (2000). *A History of Their Own: Women in Europe from Prehistory to the Present*(2Nd Ed.). New York: Oxford University Press.

Bairoch, P. (1988). *Cities and Economic Development: From the Dawn of History to the Present.* Chicago: University of Chicago Press.

Barber, E. W. (1994). *Women's Work: The First 20, 000 Years: Women, Cloth and Society in Early Times.* New York: W. W. Norton.

Bayly, C. A. (2004). *The Birth of the Modern World 1780-1914.* Oxford, Uk: Blackwell.

Bentley, J. H. (1993). *Old World Encounters: Cross-Cultural Contacts and Exchanges in Pre-Modern Times.* New York: Oxford

University Press

Bentley, J. H., & Ziegler, H. F. (1999). *Traditions and Encounters: A Global Perspective on the Past.* Boston: Mcgraw-Hill.

Brown, C. S. (2007). *Big History: From the Big Bang to the Present.* New York: The New Press.

Bulliet, R., Crossley, P. K., Headrick, D. R., Hirsch, S. W., Johnson, L. L., & Northrup, D. (2001). *The Earth and Its Peoples: A Global History* (2Nd Ed.).

Boston: Houghton Miffl In. Burenhult, G. (Ed.). (1993-

1995). *The Illustrated History of Mankind* (Vols. 1-4). St. Lucia, Australia: University of Queensland Press.

Christian, D., Brown, C., & Benjamin, C. (2013). *Big History: Between Nothing and Everything.* Columbus, Oh: Mcgraw Hill.

Christian, D. (2004). *Maps of Time: An Introduction to Big History.* Berkeley and Los Angeles: University of California Press.

Cohen, M. (1977). *The Food Crisis in Prehistory.* New Haven, Ct: Yale University Press.

Cohen, M. (1989). *Health and the Rise of Civilization.* New Haven, Ct: Yale University Press.

Davies, R. W., Harrison, M., & Wheatcroft, S. G. (Eds.). (1994). *The Economic Transformation of the Soviet Union, 1913-1945.* Cambridge, Uk: Cambridge University Press.

Diamond, J. (1998). *Guns, Germs, and Steel: The Fates of Human Societies.* London: Vintage.

Diamond, J. (2004). *Collapse: How Societies Choose to Fail Or Succeed.* New York: Viking.

Ehret, C. (2002). *The Civilizations of Africa: A History to 1800.* Charlottesville: University Press of Virginia.

Fagan, B. M. (2006). *People of the Earth: An Introduction to World Prehistory* (12Th Ed.). Upper Saddle River, Nj: Prentice Hall.

Fernandez-Armesto, F. (2007). *The World: A History*. Upper Saddle River, Nj: Pearson/Prentice Hall.

Flannery, T. (1995). *The Future Eaters: An Ecological History of the Australasian Lands and Peoples*. Port Melbourne, Australia: Reed Books.

Flood, J. (1983). *Archaeology of the Dreamtime: The Story of Prehistoric Australia and Her People*. Sydney, Australia: Collins.

Frank, A. G. (1998). *Reorient: Global Economy in the Asian Age*. Berkeley and Los Angeles: University of California Press.

Headrick, D. R. (1990). Technological Change. in B. L. Turner, W. C. Clark, R. W. Kates, J. F. Richards, J. T. Mathews, & W. B. Meyer. (Eds.), *The Earth as Transformed by Human Action: Global and Regional Changes in the Biosphere over the Past 300 Years*(Pp. 55-67). Cambridge, Uk: Cambridge University Press.

Heiser, C. B. (1990). *Seed to Civilization: The Story of Food*. Cambridge, Ma: Harvard University Press.

Hobsbawm, E. J. (1962). *The Age of Revolution*, 1789-1848. New York: New American Library.

Hobsbawm, E. J. (1977). *The Age of Capital*. London: Abacus.

Hobsbawm, E. J. (1987). *The Age of Empire*. London: Weidenfeld & Nicolson.

Hobsbawm, E. J. (1994). *The Age of Extremes*. London: Weidenfeld & Nicolson.

Johnson, A. W., & Earle, T. (2000). *The Evolution of Human*

Societies(2Nd Ed.). Stanford, Ca: Stanford University Press.

Jones, R. (1969). Fire-Stick Farming. *Australian Natural History*, 16(7), 224-228.

Klein, R. G. (1999). *The Human Career: Human Biological and Cultural Origins* (2Nd Ed.). Chicago: University of Chicago Press.

Kolbert, E. (2014). *The Sixth Extinction*. New York: Henry Holt.

Kolbert, E. (2006). *Field Notes from A Catastrophe: Man, Nature, and Climate Change*. New York: Bloomsbury Usa.

Ladurie, E. L. (1974). *The Peasants of Languedoc*(J. Day, Trans.). Urbana: University of Illinois Press.

Livi-Bacci, M. (1992). *A Concise History of World Population*. Oxford, Uk: Blackwell.

Maddison, A. (2001). *The World Economy: A Millennial Perspective*. Paris: Oecd.

Marks, R. B. (2002). *The Origins of the Modern World: A Global and Ecological Narrative*. Oxford, Uk: Rowman & Littlefi Eld.

Mcbrearty, S., & Brooks, A. S. (2000). The Revolution That Wasn. T: A New Interpretation of the Origin of Modern Human Behavior. *Journal of Human Evolution*, 39(5), 453-563.

Mcneill, J. R. (2000). *Something New Under the Sun: An Environmental History of the Twentieth-Century World*. New York: W. W. Norton.

Mcneill, J. R., & Mcneill, W. H. (2003). *The Human Web: A Bird. S-Eye View of World History*. New York: W. W. Norton.

Mcneill, W. H. (1977). *Plagues and People*. Oxford, Uk:

Blackwell.

Mcneill, W. H. (1982). *The Pursuit of Power: Technology, Armed Force and Society Since A. D. 1000*. Oxford, Uk: Blackwell.

Mcneill, W. H. (Senior Ed.), Bentley, J. H., Christian, D., Levinson, D., Mcneill, J. R., Roupp, H., Zinsser, J. P. (Eds.). (2005). *Berkshire Encyclopedia of World History*. Great Barrington, Ma: Berkshire Publishing Group.

Mears, J. (2001). Agricultural Origins in Global Perspective. in M. Adas(Ed.), *Agricultural and Pastoral Societies in Ancient and Classical History*(Pp. 36-70). Philadelphia: Temple University Press.

Palmer, R. (1959-1964). *The Age of the Democratic Revolution: A Political History of Europe and America,* 1760-1800(Vols. 1-2). Princeton, Nj: Princeton University Press.

Piperno, D. R., & Pearsall, D. M. (1998). *The Origins of Agriculture in the Lowland Neotropics*. London: Academic Press.

Pomeranz, K. (2000). *The Great Divergence: China, Europe, and the Making of the Modern World Economy*. Princeton, Nj: Princeton University Press.

Pomeranz, K., & Topik, S. (1999). *The World Trade Created: Culture, Society and the World Economy, 1400 to the Present.* Armonk, Ny: M. E. Sharpe.

Population Reference Bureau. (N. D.). Human Population: Fundamentals of Growth, Patterns of World Urbanization. Retrieved August 27, 2004, from Http: //Www. Prb. Org/Content/Navigationmenu/Prb/Educators/Human_population/Urbanization2/Patterns_of_world_urbanization1. Htm

Richerson, P. T., & Boyd, R. (2004). *Not By Genes Alone: How Culture Transformed Human Evolution*. Chicago: University of Chicago Press.

Roberts, N. (1998). *The Holocene: An Environmental History* (2Nd Ed.). Oxford, Uk: Blackwell.

Sahlins, M. (1972). *Stone Age Economics*. London: Tavistock.

Sherratt, A. (1981). Plough and Pastoralism: Aspects of the Secondary Products Revolution. in I. Hodder, G. Isaac, & N. Hammond (Eds.), *Patterns of the Past* (Pp. 261-305). Cambridge, Uk: Cambridge University Press

Sherratt, A. (1997). The Secondary Exploitation of Animals in the Old World. *World Archaeology*, 15(1), 90-104.

Smith, B. D. (1995). *The Emergence of Agriculture*. New York: Scientifi C American Library.

Spier, F. (2011). *Big History and The Future of Humanity*. Hoboken, Nj: Wiley Blackwell.

Taagepera, R. (1978). Size and Duration of Empires: Growth-Decline Curves, 3000 to 600 Bc. *Social Science Research*, 7, 180-196.

Taagepera, R. (1978). Size and Duration of Empires: Systematics of Size. *Social Science Research*, 7, 108-127.

Taagepera, R. (1979). Size and Duration of Empires: Growth-Decline Curves, 600 Bc to 600 Ad. *Social Science Research*, 3, 115-138.

Taagepera, R. (1997). Expansion and Contraction Patterns of Large Polities: Context For Russia. *International Studies Quarterly*, 41(3), 475-504.

Weatherford, J. (2004). *Genghis Khan and the Making of the*

Modern World. New York: Crown.

Wolf, E. R. (1982). *Europe and the People Without History*. Berkeley and Los Angeles: University of California Press.

Wong, R. B. (1997). *China Transformed: Historical Change and the Limits of European Experience*. Ithaca, Ny: Cornell University Press.

World Development Indicators. (2002). Washington, Dc: World Bank.

网络资源

Big History Project: https://www. bighistoryproject.com

Bridging World History: http://www. learner.org/channel/courses/worldhistory

Chronozoom: http://www.chronozoom.com/

Cosmos:a Spacetime Odyssey: http://www.cosmosontv.com/

The History Channel: http://www.history.com/shows/big-history

International Big History Association: http://ibhanet.org/

Nasa:the Scale of the Universe 2: http://apod:nasa:gov/apod/ap120312.html

Welcome to the Anthropocene: http://www. anthropocene.info/en/home

World History Connected: http://worldhistoryconnected.press.uiuc.edu/

World History For Us All: http://worldhistoryforusall.sdsu.edu/dev/default.htm

致谢

我希望感谢几位研究世界历史的同事为本书初稿提出的建议和批评意见。他们包括《宝库山世界历史百科全书》的编辑威廉·麦克尼尔、杰里·本特利、卡伦·克里斯滕森（Karen Christensen）、大卫·利维森（David Levinson）、约翰·麦克尼尔、海蒂·露普（Heidi Roupp）和朱迪斯·金泽（Judith Zinsser）。我尤其感谢威廉·麦克尼尔，他几十年来一直坚持以学者的严谨和作家的权威从事宏观历史写作。我还要感谢罗斯·唐恩（Ross Dunn）、特里·伯克以及“你我的世界历史”团队全体成员，尽管我们对于WHFUA网站的讨论激烈、复杂、困难，但它们都十分有趣、新颖。这些讨论帮助我厘清了人类历史大体形态。我还要感谢妻子恰迪（Chardi）对本书及我的整个研究生涯的一贯支持。最后，作者还要对宝库山出版集团的各位同仁表示感谢，感谢他们在《极简人类史》的几次印刷中对本书的指导和监督。

图书在版编目（CIP）数据

极简人类史 : 从宇宙大爆炸到 21 世纪 / (美) 克里斯蒂安著 ; 王睿译 . — 北京 : 中信出版社 , 2016.4

书名原文 : This Fleeting World： A Short History of Humanity

ISBN 978-7-5086-5918-3

Ⅰ . ①极… Ⅱ . ①克… ②王… Ⅲ . ①文化人类学—通俗读物 Ⅳ . ① C912.4 49

中国版本图书馆 CIP 数据核字 (2016) 第 032818 号

极简人类史：从宇宙大爆炸到 21 世纪

著　　者：［美］大卫·克里斯蒂安
译　　者：王 睿
审　　校：孙 岳
策划推广：中信出版社（China CITIC Press）
出版发行：中信出版集团股份有限公司
（北京市朝阳区惠新东街甲 4 号富盛大厦 2 座 邮编 100029）
（CITIC Publishing Group）
承 印 者：中国电影出版社印刷厂

开　　本：880mm×1230mm 1/32　　印　　张：7　　字　　数：163 千字
版　　次：2016 年 4 月第 1 版　　印　　次：2016 年 4 月第 1 次印刷
京权图字：01-2015-8008　　广告经营许可证：京朝工商广字第 8087 号
书　　号：ISBN 978-7-5086-5918-3/K·515
定　　价：38.00 元